Investor Relations

Manfred Piwinger · Markus Kiefer

Investor Relations

Empirische Studien zur Kapitalmarktkommunikation

Springer Gabler

Manfred Piwinger
Wuppertal, Deutschland

Markus Kiefer
Heiligenhaus, Deutschland

ISBN 978-3-658-47951-0 ISBN 978-3-658-47952-7 (eBook)
https://doi.org/10.1007/978-3-658-47952-7

Die Deutsche Nationalbibliothek verzeichnet diese Publikation in der Deutschen Nationalbibliografie; detaillierte bibliografische Daten sind im Internet über https://portal.dnb.de abrufbar.

Panung/Lektorat: Karina Kowatsch
Springer Gabler ist ein Imprint der eingetragenen Gesellschaft Springer Fachmedien Wiesbaden GmbH und ist ein Teil von Springer Nature.
Die Anschrift der Gesellschaft ist: Abraham-Lincoln-Str. 46, 65189 Wiesbaden, Germany

Einführung

In diesem Buch legen wir die Ergebnisse gemeinsamer Forschung aus den vergangenen Jahren zur Kapitalmarkt-Kommunikation bzw. zur Investor Relations-Kommunikation der Fachöffentlichkeit vor.

Es sind drei empirische Studien, die auf der Auswertung von Geschäftsberichten von DAX- Unternehmen und anderer großer, an den Börsen gehandelter Unternehmen basieren. Die drei Studien bauen aufeinander auf und ergänzen sich. Zunächst geben wir einen Überblick über das Berufsfeld selbst, mit Unternehmens-Aussagen zu ihrer Positionierung am Kapitalmarkt, zur Art und zu den Zielen ihrer Informationspolitik sowie zu den Leitsätzen ihrer Investor Relations. Im zweiten Beitrag widmen wir uns der Qualität der Unternehmens-Berichterstattung und stellen dar, wie neue regulatorische Vorschriften des Gesetzgebers zu neuen inhaltlichen Aussagen führen, vor allem im Bereich der nicht-finanziellen Ergebnisse von Unternehmenstätigkeit. Die dritte Studie nimmt das noch in der Entwicklung steckende Feld der Ermittlung, Bewertung, Messung nichtfinanzieller Leistungsindikatoren in den Blick und leistet somit einen Diskussions-Beitrag zur Erfolgsmessung von Kommunikation.

Insgesamt ergibt sich ein lebhafter und praxisnaher Einblick in das Tätigkeitsfeld Investor Relations, unter besonderer Berücksichtigung neu eingeführter Berichtspflichten. Unsere Studien unterscheiden sich von anderen dadurch, weil sie sich auf Selbstzuschreibungen der Unternehmen zu den einzeln untersuchten Themenfeldern fokussieren. Insofern sind die von uns herangeführten Beispiele von besonderer Authentizität! Unsere zitierten Funde verdanken wir nämlich ausschließlich den entsprechenden Erwähnungen in den Jahresberichten. Dies ist insofern besonders, weil es der einzige Fall ist, in dem unternehmensseitig über ein Feld der Kommunikation öffentlich, regelmäßig, immer zum gleichen Zeitpunkt, in der im Wesentlichen gleichen inhaltlichen Systematik und für jeden einsehbar berichtet wird. Die von uns über die Jahre hinweg zusammengetragenen Zitate aus den jährlichen Geschäftsberichten spiegeln die Sicht der jeweiligen Unternehmen wider, differieren jedoch abhängig von Branche, Marktstellung und Aktionärsstruktur. Wir geben diesen Originalquellen eine herausgehobenere Bedeutung als andere auf dem wissenschaftlichen Markt angebotene Publikationen: Die von uns zitierten wörtlichen Aussagen haben nach unserer Überzeugung höchste praktische Relevanz für die Wahrnehmung der jeweiligen Unternehmensleistung. Hier zeigt Investor Relations ihr wahres Gesicht!

Deutlich wird, wo und wie die in der Studie einbezogenen Unternehmen ihre Schwerpunkte setzen. Wobei natürliche sektorale Gesichtspunkte wie Branchenzugehörigkeit, Aktionärsstruktur, Marktbedeutung deutliche Unterschiede ausmachen können. Es zeigt sich teilweise sehr eindrucksvoll, dass Unternehmen durchaus eigene Akzente und Schwerpunkte in der Kommunikation setzen können – im Sinne jener durch die Wissenschaft oft eingeforderten Alleinstellungsmerkmale in der Kommunikation.

Es bieten sich hiermit auch Vergleiche im Sinne einer Konkurrenzanalyse an und somit ein vielfacher praktischer Nutzen für den Leser. Vor allem die unterschiedlichen Vorgehensweisen z.B. bei der Ermittlung von Leistungsindikatoren (KPIs) sowie die grundsätzlichen Herangehensweisen in der Praxis der Kapitalmarktkommunikation sind in der von uns dargelegten Beispielhaftigkeit kaum irgendwo anders aufzufinden.

In unserer Stichprobe greifen wir die Berichterstattung der Jahre 2019, 2020 und 2022 auf. Wir haben uns dabei nicht auf ein ganz bestimmtes Berichtsformat beschränkt. Untersuchte Quellen sind die Geschäftsberichte der Unternehmen, die inzwischen zumeist in integrierter Form vorgelegt werden, also Geschäftsbericht plus Nachhaltigkeitsbericht. Sofern es separate Nachhaltigkeitsberichte gab, sind diese entsprechend herangezogen worden und in unserer Studie zitiert. Ebenfalls wurden gesonderte nichtfinanzielle Nachhaltigkeitsberichte und in Einzelfällen auch Personal- bzw. HR-Berichte ausgewertet. Die Frage, wo genau innerhalb der Systematik der Berichte diese Aussagen platziert sind – beispielsweise innerhalb oder außerhalb des Lageberichts -, war für uns nachrangig.

Investor Relations sind die bisher einzige Disziplin, über deren Tätigkeit jährlich in zahlreichen Geschäftsberichten eine Art Buch geführt wird. Eigentlich müsste dies eine noch deutlichere Hochwertung der Kommunikationsdisziplin Investor Relations-Kommunikation zur Folge haben, wozu unser Buch gern einen Beitrag leisten möchte.

Unser Buch möge zugleich ein Beitrag sein, die Urteilsfähigkeit sowohl von Kommunikationsmanagern als auch von Entscheidern zu schärfen, um die eigene Berichterstattung profiliert voranzutreiben. Denn gerade in diesem gesetzlich stark normierten Bereich, der erkennbar auf immer mehr Unternehmen ausgeweitet wird, geht es für die Unternehmensführung vor allem darum, die Darstellung gegenüber Investoren, Kapitalgebern und Geschäftspartnern, Finanzanalysten, Fondsmanagern und Ratingagenturen signifikant zu steigern bzw. zu optimieren. Gemäß der Prämisse „Wert haben und ihn zu zeigen verstehen, heißt zweimal Wert haben" (Gracian).

Die Herausgeber beabsichtigen, ihre Forschung auf diesem Gebiet auszuweiten.

Als nächste Studie ist geplant, auf ähnlicher Quellenbasis, das Thema Reputationsrisiko mit all seinen Folgen auf Ansehenswerte und finanzielle Schäden aufzugreifen und darzustellen, wie kapitalmarktorientierte Unternehmen dies in ihrer Investor Relations-Kommunikation kommunizieren.

Wuppertal
Düsseldorf
im April 2025

Manfred Piwinger
Markus Kiefer

Inhaltsverzeichnis

Über die Autoren

Manfred Piwinger (Dipl.-Ing.) ist publizistisch und wissenschaftlich tätig. In seinen Forschungsarbeiten verknüpft er das betriebswirtschaftliche Know-how mit kommunikationswissenschaftlichen Konzepten und Erfahrungen aus der Unternehmenspraxis. Mit dem Thema Investor Relations hat er sich schon früh befasst und als einer der Ersten ein IR-Konzept verschriftlich. Als Publizist veröffentlichte der Autor an die 250 Fachbeiträge in Journals, Online-Diensten und Büchern. Er ist Mitherausgeber von mehreren Monographien und Sammelbänden, darunter Standardwerke zu den Themen Unternehmenskommunikation, Investor Relations, Kommunikationscontrolling sowie Immaterielle Vermögenswerte. Gemeinsam mit Kirchhoff veröffentlichte er im Jahr 2000 das erste deutsche Fachbuch zu Investor Relations. Daneben war er über viele Jahre hinweg Lehrbeauftragter für Finanz- und Unternehmenskommunikation am Institut für Kommunikations- und Medienwissenschaften an der Universität Leipzig sowie Dozent an der Leipzig School of Media. Themen wie Investor Relations, Impression Management (Selbstdarstellungsstrategien) sowie Kommunikations-Controlling hat der Autor frühzeitig bzw. als Erster in die Organisationskommunikation eingeführt. Dabei hatte er immer die angrenzenden Wissenschaften im Blick. So kam er zu Themen wie Missverständnis, Vorurteil, Stimmung, Gerücht, aber auch Witz und Humor. Für seine Leistungen ist er national und international vielfach ausgezeichnet worden.

Prof. Dr. phil. Markus Kiefer Professionelle Unternehmens- und Organisationskommunikation ist das berufliche Lebensthema von Professor Dr. phil. Markus Kiefer. Bis 2022 hatte er insgesamt 13 Jahre eine hauptberufliche Professur für Wirtschafts- und Unternehmenskommunikation an der privaten Hochschule

FOM – Hochschule für Oekonomie und Management, für die er das Lehrfach Unternehmenskommunikation konzipiert, etabliert und über 13 Jahre hinweg selbst unterrichtet hat.

Kiefer ist auch aktuell noch aktiv als Dozent, Coach, Publizist sowie Lehrbeauftragter an privaten und staatlichen Hochschulen (u. a. Kommunikations-Module an der FOM, Krisenkommunikation an der Hochschule Darmstadt). Berät mittelständische Unternehmen in Fragen der Kommunikationsstrategie und Medienarbeit. Coacht Führungskräfte in Rhetorik und Führung von Mitarbeitergesprächen. Gibt regelmäßig Seminare zur Mitarbeiter- und Führungskräftekommunikation und vermittelt dort sein anwendungsnahes Wissen vor allem im Bereich der Gesprächsführung u.a. im Haus der Unternehmer (Duisburg), in der Akademie der Handwerkskammer (Düsseldorf) und in der Kommende – Sozialinstitut der Erzdiözese Paderborn (Dortmund).

Autor von mehreren Büchern über moderne Unternehmenskommunikation. Mit-Herausgeber eines Buches über Kinder- und Jugendhospizarbeit. Fachkolumnist, Podcaster. Regelmäßiger Fachbuch-Rezensent für verschiedene Redaktionen (u. a. PR-Journal). Bearbeitet aktuelle Themen der Unternehmens- und Organisationskommunikation auf seinen Social Media-Accounts und auf seiner persönlichen Website www.markus-kiefer.eu.

Abkürzungsverzeichnis

CEO	Chief Executive Officer
CR	Corporate Responsibility
CRM	Customer Relationship Management
CSR	Corporate Social Responsibility
CSR-RUG	CSR-Richtline-Umsetzungsgesetz
ESG	Environmental Social Governance
GRI	Global Reporting Initiative
HR	Human Ressources
KPI	Key Performance Indicator

Berufsfeld Investor Relations – Ziele, Grundsätze und Informationspolitik

1

In diesem Beitrag erfahren Sie,

- wie Unternehmen ihre Position am Kapitalmarkt darstellen,
- welche Informationspolitik bevorzugt wird,
- nach welchen Leitsätzen Investor Relations handeln,
- welche Kommunikations-Ziele im Einzelnen verfolgt werden,
- wie Ziele der Kapitalmarktkommunikation nachverfolgt und gemessen werden.

1.1 Einleitung: Finanzkommunikation und Unternehmenskommunikation

Unternehmenskommunikation und Investor Relations

Sieht man sich in der Literatur zu Unternehmenskommunikation und Kommunikationsmanagement um, dann fällt sehr schnell eine Vernachlässigung der Finanzkommunikation (Investor Relations) auf. Zu wenige Leute in der Branche beschäftigen sich damit. Dabei gibt es innerhalb der diversen Kommunikationsdisziplinen vielleicht kein spannenderes Betätigungsfeld als eben die Kapitalmarktkommunikation in all ihren Facetten.

Was bei näherer Betrachtung auffällt, ist der Umstand, dass die auf den Prinzipien der Organisationskommunikation beruhende Unternehmenskommunikation nur wenig Bezugspunkte zum Berufsfeld Investor Relations aufweist. Oft fehlen

---

Das Beitrag ist erschienen unter Piwinger M./Kiefer, M. (2020) in: G.Bentele/Piwinger,M/Schönborn, G. (Hrsg.): Kommunikationsmanagement (Losebl. 2001 ff.), Art.-Nr. 3.131, Köln.

M. Piwinger and M. Kiefer, *Investor Relations*,
https://doi.org/10.1007/978-3-658-47952-7_1

auch die entsprechenden fachlichen Kenntnisse. Mit dem Ergebnis, dass beide Berufsfelder weitgehend nebeneinander arbeiten. Ein wechselseitiger geregelter Austausch zwischen den beiden Kommunikationsdisziplinen findet so gut wie nicht statt – trotz der vielen Berührungspunkte, die es natürlich gibt.

Zuordnung der Finanzkommunikation

Das Feld der Finanzkommunikation ist eingeschränkter als das der Unternehmenskommunikation und bildet nur ein Segment daraus ab. In den leitenden Positionen innerhalb der Unternehmen gibt es in der überwiegenden Zahl der Fälle meist eine Doppelbesetzung mit unterschiedlicher „Aufhängung". Investor Relations sind in der Regel dem Finanzvorstand zugeordnet, Unternehmenskommunikation überwiegend dem Vorstandsvorsitzenden.

Welche Stimme ist nun die bestimmende? Was beeinflusst die Außen-Wahrnehmung des Unternehmens mehr? Wird das Ansehen eines Unternehmens durch eine Darstellung an den Finanzmärkten grundsätzlich gestärkt? Oder umgekehrt gefragt: Welche Wirkungen erzielt die Unternehmenskommunikation mittelbar auf Finanzstatus, Börsenkurs und das Rating als weiteren Wertmesser? In der Finanzkommunikation sind solche Fragen leichter beantwortbar als es aus Sicht der Unternehmenskommunikation möglich ist.

Ziele und Aufgaben

Ziele und Aufgaben der Finanzkommunikation sind in der Fachliteratur gut und prägnant strukturiert und werden nachvollziehbar dargestellt. Ebenso der getätigte Aufwand und einige Methoden der Erfolgsmessung. All dies ist in der Unternehmenskommunikation in dieser Form nicht bzw. deutlich weniger vorzufinden, weil sie sich um das Unternehmen als Ganzes kümmert und viel mehr situationsgebunden in das tägliche Geschehen eingebunden ist. Während innerhalb der Finanzkommunikation Art und Umfang der Aufwendung zumindest offengelegt werden, werden diese rechnerisch ebenso wenig erfasst wie in den sonstigen Kommunikationsdisziplinen.

Gesetzliche und regulatorische Vorgaben

Börsennotierte Unternehmen stellen in ihren Jahresberichten ihre Finanzmarktkommunikation ausführlich dar. Dies ist insofern einzigartig, weil es der einzige Fall ist, in dem unternehmensseitig über ein Feld der Kommunikation öffentlich berichtet wird. Das gibt es sonst nirgendwo. Und noch etwas kommt hinzu, was Investor Relations von anderen Fachdisziplinen differenziert: Sie kann nicht frei schalten und walten wie sie will, sondern sie unterliegt strengen regulatorischen und gesetzlichen Auflagen und Pflichten, die den Unternehmen insgesamt auferlegt werden.

Finanzkommunikation wendet sich so gut wie ausschließlich an die Akteure auf den Finanzmärkten, nämlich vor allem an: Investoren und potenzielle Investoren, an Ratingagenturen, an Kreditgeber etc. Bei bestimmten Vorfällen und Ereignissen sind Unternehmen ad hoc, also zu unmittelbaren Informationen verpflichtet. All dies führt in Verbindung mit den gesetzlichen und regulatorischen Anforderungen zu einer hochgradigen Spezialisierung.

Leitbild Investor Relations
Der Investor Relations Fachverband DIRK beschreibt in seinem Leitbild (2015) die Position und Aufgaben von Investor Relations wie folgt:

„IR *repräsentiert das Unternehmen* und die entsprechende Kapitalmarktstory gegenüber dem Finanzmarkt und *spiegelt die Außensicht zurück in das Unternehmen.* Dabei nutzt IR eine Vielzahl von Kommunikationskanälen und -werkzeugen und stellen einen wesentlichen *Teil der strategischen Gesamtkommunikation* des Unternehmens dar. IR berät die Unternehmensführung hinsichtlich kapitalmarktrelevanter Aspekte und in Bezug auf die mögliche Kapitalmarktakzeptanz und -wirkung ihrer Entscheidung.“ Und weiter heißt es dort u. a.: „IR-Aktivitäten ermöglichen eine *nachhaltige Steigerung des Vertrauens und der Anlagebereitschaft von Investoren.* Sie tragen damit auch zur Erhöhung von Anlegerschutz und Markteffizienz bei.“

1.2 Themenfelder und Methode der Studie

Erkenntnisziel und Methode der Studie
In dem vorliegenden Beitrag beschäftigen wir uns ausschließlich mit Grundsätzen und Zielen der Investor-Relations-Informationspolitik. Belege über Aufwand, Maßnahmen, Instrumente u. a. wurden von uns bereits an anderer Stelle veröffentlicht und bleiben deswegen in diesem Beitrag unberücksichtigt. Die von uns über die Jahre hinweg zusammengetragenen Zitate aus den jährlichen Geschäftsberichten spiegeln die Sicht der jeweiligen Unternehmen wider, differieren jedoch, wie es sich zeigt, abhängig von Branche, Marktstellung und Aktionärsstruktur. Da es sich dabei jeweils um authentische Original-Aussagen der Unternehmen handelt, kommt ihnen ein besonderes Gewicht zu. Und schließlich: Die hier erfassten Unternehmen repräsentieren einen Querschnitt aller börsennotierten Gesellschaften.

Ziele der Informationspolitik

Neben der grundsätzlichen Ausrichtung der Informationspolitik haben wir den Fokus unserer Ausarbeitung auf die Erfassung der konkreten Ziele der Finanzkommunikation gelegt. Ziele der Investor Relations wie beispielsweise Zugang zu Kapital oder Aufbau von Vertrauen haben eine unterschiedliche Ausprägung erfahren. Das lässt sich aus unserer Studie leicht ableiten. In ihrer deutlichen Mehrzahl sind sie konkret und strukturiert. Und in der Mehrzahl der Fälle lassen sich Ergebnisse oder Resultate ziemlich gut erfassen, kontrollieren und nachverfolgen. In anderen Berufsfeldern ist dies wenig stark ausgeprägt. Vorgesetzt ist zunächst natürlich immer eine klare Vorstellung von dem, was überhaupt gemessen werden soll.

Erfolgsmessung

Ansätze der IR-Erfolgsmessung haben in Forschung und Praxis unterschiedliche Ausprägungen angenommen. Mit Investor Relations streben kapitalmarktorientierte Unternehmen „eine realistische Wahrnehmung und Bewertung [des Unternehmens] am Kapitalmarkt und eine Optimierung der Kapitalkosten an“ (Deutscher Investor Relations Verband 2015).

Erkenntnisziel der Studie

Im Folgenden wollen wir aufzeigen, welche Informationspolitik die in unserer Studie erfassten Unternehmen verfolgen, welche Ziele sie daraus ableiten und welche davon sich als messbar herausstellen: Letztendlich geht es uns darum, herauszufinden, was Kapitalgesellschaften und deren Kommunikation in den Augen von Kreditgebern und Analysten wertvoll machen soll. Und dazu lassen wir die Unternehmen selbst zu Wort kommen.

Bei der Auswertung der Geschäftsberichte unterschieden wir fünf Kategorien:

1. Allgemeine Kommunikationsziele
2. Finanzwirtschaftliche Kommunikationsziele
3. Grundsätze und Prinzipien der Investor-Relations-Informationspolitik
4. Zentrale Themenfelder
5. Messungen der Wirkung von Investor-Relations-Kommunikation

Die Originalzitate aus den von uns analysierten Geschäftsberichten haben wir dann diesen vorangestellten Gliederungspunkten systematisch zugeordnet. Die Zitate haben wir chronologisch ausgewiesen, das jeweils aktuellste zuerst genannt.

Die Kategorien haben wir dabei wie folgt verstanden und abgegrenzt.

Grundlegende Begriffsdifferenzierung
Bekanntlich wird in der Unternehmenskommunikation grundsätzlich unterschieden in ökonomische Ziele (Gewinn, Umsatz etc.) und psychologische Ziele (Information, Vertrauen etc.). Die psychologischen Ziele sind den ökonomischen Zielen vorgelagert. Nur wenn die psychologischen Zielsetzungen erfolgreich bearbeitet werden, ist die Erreichung ökonomischer Zielsetzungen überhaupt realistisch.

Allgemeine Kommunikationsziele
Dieser grundsätzliche Unterschied wurde parallel auch in der Finanz- bzw. Kapitalmarktkommunikation markiert. Bei der Unterscheidung von allgemeinen und eher finanzwirtschaftlichen Zielsetzungen nach Piwinger und Kiefer (2019: 5–7) oder Kirchhoff (2000: 37–38) gehen wir davon aus, dass zunächst eher abstraktere Kommunikationsziele die Basis der Finanzkommunikation bilden. Dies wären beispielsweise Steigerung von Bekanntheitsgrad, Verbreitung von spezifischen Informationen an relevante Zielgruppen, Schaffung von Vertrauen bei unterschiedlichen Playern der Financial Community, Image-Aufbau, Reputationssteigerung, richtige Positionierung, Arbeitgeber-Attraktivität, Aufzeigen des Unternehmenswerts.

Psychologische Kommunikationsziele
Die aus der Unternehmens- und Marketingkommunikation bekannte Ausdifferenzierung der psychologischen Kommunikationsziele in drei qualitative Dimensionen lässt sich gut auf die Kapitalmarktkommunikation übertragen. Bei unserer Auswertung lassen sich nämlich eine Reihe von eher kognitiven (Information, Kenntnisse, Wissen, Bekanntheit) von eher affektiv-emotionalen Zielsetzungen (Vertrauen, Sympathie, Zustimmung) unterscheiden. Zuweilen können drittens theoretisch auch konative Zielsetzungen identifiziert werden, die auf das Auslösen einer Handlung bei den angesprochenen Zielgruppen der IR-Kommunikation abheben, wie sie zum Beispiel im Kontext aktiver Kontaktpflege entstehen können. Eine häufig vorkommende Nennung ist der Dialog, den man unterschiedlich zuordnen könnte, einmal als Ziel, einmal als Haltung von Kommunikation. Wir haben bei unserer Auswertung den Dialog als Kommunikationsziel verortet.

Finanzwirtschaftliche Kommunikationsziele
Können solche allgemeinen Kommunikationsziele durch die Unternehmen realisiert werden, lässt sich die Umsetzung spezifischerer, finanzwirtschaftlich ausgerichteter Kommunikationsziele wirksam aufsetzen. Dies wären beispielsweise ein hoher Aktienwert, eine geringe Schwankung des Aktienkurses, Senkung der Eigenkapitalkosten, Zugang zu Kapital, Veränderung bzw. Verbesserung der Aktionärsstruktur,

Schutz vor feindlichen Übernahmen, Bewältigung von Krisensituationen, M&A-Strategien u. a. (Kirchhoff 2005: 36–41). Kennzahlen sind nur ein Element des überzeugenden Auftretens am Kapitalmarkt.

Grundsätze, Prinzipien, Verhaltensweisen

Uns war die Unterscheidung zwischen Kommunikationszielen einerseits und eher allgemeinen Orientierungswerten wichtig, die in den Geschäftsberichten als Fixpunkt der IR-Tätigkeit genannt werden. Kommunikationsziele beschreiben wünschenswerte Soll-Zustände, die idealerweise auch messbar sein sollten. Davon abgegrenzt haben wir die Identifikation von Werten, Prinzipien und Grundsätzen. Diese markieren eher Grundhaltungen, die beschreiben, wie sich die Kapitalmarkt-Kommunikation ausrichten und verhalten möchte. Transparenz und Offenheit oder auch die Orientierung am und die Suche nach Dialog wären beispielsweise solche allgemeinen Werte und Prinzipien, an denen sich eine Finanzkommunikation ausrichten könnte.

Neben diesen eher abstrakten Werten, nennen Geschäftsberichte aber auch deutlicher ausformulierte Grundsätze ihrer IR-Politik. Damit heben sie Grundpositionen hervor, die den oben bereits beschriebenen Berufsgrundsätzen entsprechen, wie sie der Deutsche Investor Relations Berufsverband erstmals (2006) ausformuliert hatte (z. B. Wesentlichkeit und Vollständigkeit, Zukunftsorientierung, Gleichbehandlung u. a.) bzw. in seinem aktuellen Leitbild zum Ausdruck bringt (2015). Ähnlich und aktuell ist dies im Deutschen Corporate Governance Kodex (2019) formuliert, dort im Abschnitt F, in den Empfehlungen zur Transparenz und externen Berichterstattung. Bei den hier herangezogenen Passagen aus den Geschäftsberichten geht es vor allem um die im eigenen Selbstverständnis der Unternehmen für richtig gehaltenen und für sich in Anspruch genommenen Verhaltensweisen der Akteure in der Finanz- bzw. Kapitalmarktkommunikation.

Themenfelder

Bei Themenfeldern haben wir versucht zu identifizieren, welche aktuellen oder grundsätzlichen Inhalte der Investor-Relations-Arbeit in den Geschäftsberichten prominent ausgewiesen wurden. Das könnten beispielsweise Geschäftsmodelle sein oder Erläuterungen von Strategien.

Messung

Zuletzt haben wir die Indikatoren, Maßnahmen und Instrumente identifiziert, die auf eine Erfolgsmessung der Zielerreichung eingehen. Indikatoren wären beispielsweise die klassische Reichweite, Ratings und Rankings, Entwicklung von Aktie und

Börsenwert u. a. Instrumente wären dagegen diverse Befragungstools oder gezielte Auswertung von Rückmeldungen etc.

Die Aspekte der Kommunikationsinstrumente, Kommunikationsmittel, Medien und Maßnahmen der sowie die in den Geschäftsberichten vorrangig genannten Adressaten der IR-Kommunikation haben wir uns ebenfalls angesehen, sie fließen aber in diese Darstellung nicht ein.

Im Folgenden ordnen wir typische, besonders markante oder auch einfach mehrfach vorkommende Passagen aus den untersuchten Geschäftsberichten den genannten sieben Kategorien unserer Untersuchung zu. Wir haben dafür ca. 60 Geschäftsberichte unterschiedlicher Unternehmensgrößen im Berichtszeitraum über die vergangenen Jahre analysiert. Wir stützen uns in diesem Beitrag auf wörtliche Unternehmensaussagen, weil diese höchst authentisch sind und das Selbstbild des Unternehmens direkt prägen. Diese Aussagen sind allesamt den jeweiligen Geschäftsberichten entnommen, die exakten Fundstellen sind mit Seitenzahlen im Text nachgewiesen.

1.3 Ergebnisse

Im Folgenden stellen wir die Ergebnisse unserer Auswertung vor.

Allgemeine Kommunikationsziele
In diesem Kapitel zitieren wir, wie oben dargelegt, die wichtigsten allgemeinen Zielsetzungen, die von den Unternehmen für ihre Kommunikation mit den Stakeholdern benannt werden.

Information
Grundlegend ist in den Geschäftsberichten vielfach das Ziel einer verlässlichen Information an alle relevanten Stakeholder benannt.

- „[…] werden Aktionäre, Aktionärsvereinigungen, die Teilnehmer am Kapitalmarkt, Finanzanalysten, die Medien, die Öffentlichkeit über *die aktuelle Situation sowie wesentliche geschäftliche Veränderungen des Unternehmens informiert*" (Henkel Geschäftsbericht 2019: 24).
- „Eine *aktive und offene Informationspolitik*, die eine zeitnahe und kontinuierliche Kommunikation beinhaltet, ist ein wesentlicher Bestandteil wertorientierten Handelns bei Henkel" (ebd.).
- „Zu den Grundsätzen von Merck zählt die *sachlich richtige, umfassende und faire Informationsversorgung*" (Merck Geschäftsbericht 2019: 161).

- „Dem stetig *zunehmenden Informationsbedarf des Kapitalmarktes* haben wir im vergangenen Jahr mit einem Angebot von 55 Roadshows und Konferenztagen Rechnung getragen" (K + S. 2016: 19).
- „Regelmäßige Veranstaltungen des Vorstandsvorsitzenden und des Chief Financial Officer mit institutionellen Anlegern und Finanzanalysten sichern darüber hinaus den *kontinuierlichen Informationsaustausch mit den Finanzmärkten*" (Linde 2016: 20).
- „Die Gesellschaft *publiziert börsentäglich ihren inneren Wert* über die wichtigsten Börseninformationsdienste und auf der Website www.biotech.com. Die Zusammensetzung des Portfolios wird alle drei Monate im Rahmen der Quartalsberichte veröffentlicht" (BB Biotech 2016: 82).
- „Erklärtes Ziel ist es, zu jeder Zeit *konsistent und nachhaltig über Lanxess zu informieren*" (Lanxess 2014: 50).
- „Es ist das Ziel der Merck AG *aktuelle Informationen an alle Aktionäre, Medien, Finanzanalysten und die interessierte Öffentlichkeit* weiterzugeben und hierdurch eine größtmögliche Transparenz zu schaffen" (Merck 2010: 118).
- „[…] eine *Informationspolitik*, die auf Wahrhaftigkeit, Aktualität und Kontinuität basiert" (Schindler 2009: 10).
- *„Informationen über das Umsatzwachstum* (der SAP) erachten wir als eine der zentralen Größen für unsere Investoren" (SAP 2007: 79).
- *„Informationen betreffen vor allem* wichtige Unternehmensereignisse, finanzielle Ergebnisse und die Geschäftsstrategie sowie die Erwartungen des Kapitalmarktes an das Management" (Deutsche Bank 2006: 68).
- „Eine *Informationsvermittlung* im Konzernabschluss, die *erheblich über die Mindestanforderungen der Rechnungslegungsnormen hinausgeht*" (SAP 2002: 13).

Bekanntheitsgrad

Ebenso grundlegend ist die Steigerung und oder zuvor noch die Durchsetzung eines allgemeinen Bekanntheitsgrades.

- „Den *Bekanntheitsgrad* des Unternehmens auf den wichtigen internationalen Finanzmärkten weiter (zu) erhöhen" (Hochtief 2004: 16).
- „Die intensive Informationspolitik unserer Investor Relations-Abteilung *konnte den Bekanntheitsgrad* (der Vivacon) auch im Ausland *weiter steigern* und sorgte für eine schnelle Platzierung großer Aktienpakete bei institutionellen Investoren" (Vivacon 2005: 13).

Erweiterte Zielgruppen-Perspektive

Klassischerweise werden die Zielgruppen der Financial Community bedient, der Blick kann aber durchaus darüber hinausreichen.

- „Unsere Zielgruppe umfasst neben den Aktionären, anderen Kapitalmarktteilnehmern und Analysten auch *Mitarbeiter, Journalisten und die Öffentlichkeit im Allgemeinen*“ (FMC 2018: 14).
- „Aktionäre, Analysten, Aktionärsvereinigungen, Medien und *die interessierte Öffentlichkeit werden gleichermaßen* über die wesentlichen Entwicklungen und die Lage des Unternehmens unterrichtet“ (Continental 2016: 21).
- „Zu den wichtigsten Stakeholdergruppen zählen u. a. *Aktionäre und Kapitalmarkt, Mitarbeiter, Kunden, Kommunen, Lieferanten und Geschäftspartner sowie die Politik*“ (ENBW 2016: 35).
- „Das Thema Nachhaltigkeit spielt für evotec eine wesentliche Rolle für das Geschäft und die *Einstellung der Gesellschaft*“ (evotec 2016: 19).
- „Linde berücksichtigt *neben den Interessen seiner Aktionäre weitere Anspruchsgruppen,* die ebenso zum Erfolg des Unternehmens beitragen. […] Zu ihren Zielgruppen zählt Linde unter anderem alle Mitarbeiter, ihre Kunden und Lieferanten, Verbände und staatliche Institutionen“ (Linde 2009:20).
- „Mit einer transparenten Informationspolitik und klaren Positionen zu aktuellen Fragen vertritt die Post ihren Standpunkt *gegenüber Vertretern aus Politik, Wirtschaft und Gesellschaft*“ (Schweizerische Post 2009: 116).
- „Der Kapitalmarkt beurteilt Unternehmen auch zunehmend danach, *in welchem Maße sie Anforderungen im Hinblick auf Umwelt und Gesellschaft Rechnung tragen*“ (RWE 2007: 36).

Vertrauen

An vorderer Stelle steht oft das allgemeine Ziel der Vertrauensbildung.

- „Mit Offenheit und Transparenz soll *das Vertrauen der Aktionäre und Kapitalgeber* sowie der interessierten Öffentlichkeit gestärkt werden“ (ProSiebenSat1 Media SE, 2018: 46).
- „Vertrauen baut man *insbesondere in Krisenzeiten* auf“ (K + S. 2009: 9).
- „Um *das Vertrauen in unser Unternehmen* und in unsere Aktie weiter (zu) stärken“ (HeidelbergCement 2009: 19).
- „Jedes Gespräch dient nicht nur der Informationsvermittlung über das Unternehmen, sondern ist auch eine Chance, das direkte Feedback des Marktes zu nutzen und *das Vertrauen der Finanzgemeinde in das Unternehmen zu festigen*“ (Vögele Holding 2006: 11).

- „*Werte wie Verlässlichkeit, Verantwortung und Kontinuität* – die Stärken der BASF – stehen wieder hoch im Kurs (BASF 2002: o. S.).
- „[...] *das Vertrauen der Anleger* in unser Unternehmen vertiefen“ (Schering 2002: 67).

Vertrauen in das Top-Management
Auch das Vertrauen ins Management wird als Ziel explizit benannt.

- „Ziel unserer Investor Relations-Arbeit ist eine transparente und faire Finanzkommunikation mit allen Marktteilnehmern, um *das Vertrauen in die Qualität und Seriosität unserer Unternehmensführung* zu erhalten bzw. zu stärken und umfassend, zeitnah und möglichst objektiv über unsere Strategie sowie über alle kapitalmarktrelevanten Geschehnisse rund um die K + S-Gruppe zu informieren“ (K + S Geschäftsbericht 2019: 34).
- „...um das *Vertrauen in die Qualität und Seriosität unserer Unternehmensführung* zu erhalten bzw. zu stärken“ (K + S Geschäftsbericht 2018: 29).
- „*Vertrauen in die Unternehmensführung und transparente Kommunikation geben häufig den Ausschlag für Anlageentscheidungen und Anlageempfehlungen*“ (Deutsche Börse Geschäftsbericht 2004: 7).
- „Maßgeblich ist häufig auch der *persönliche Eindruck*, den Investoren *von den jeweiligen Management-Qualitäten* und Unternehmensstrategien haben“ (SAP 2003: 10).

Dialog
Und es geht immer häufiger ganz grundsätzlich um die Organisation eines dauerhaften Dialogs als zentrales Ziel der IR-Kommunikation.

- „[...] tritt Merck zeitnah und über eine große Bandbreite von Kommunikationsplattformen mit allen Interessierten in einen *Dialog* über die Unternehmenslage und geschäftliche Veränderungen“ (Merck 2019: 161).
- „Die Vonovia SE pflegt einen *transparenten und kontinuierlichen Dialog* mit ihren Aktionären und potenziellen Investoren“ (Vonovia Geschäftsbericht 2017: 25).
- „Die adidas AG strebt danach, *einen kontinuierlichen Dialog* mit institutionellen und privaten Anlegern aufrechtzuerhalten“ (adidas 2016: 45).
- „*Ein offener Dialog* und eine transparente Kommunikation mit unseren Investoren haben höchste Priorität“ (Siemens 2008: 30/31).

- „Der *ständige Dialog* mit allen Mitgliedern der Financial Community hat für uns einen hohen Stellenwert und ist aus diesem Grund Chefsache“ (Metro 2008: 16).

Finanzwirtschaftliche Kommunikationsziele

In diesem Abschnitt zitieren wir Ziele der Kommunikation in der engeren finanzwirtschaftlichen Perspektive. Die Unternehmen adressieren hier gezielt die Akteure des Kapitalmarktes.

Unternehmenswert
Häufig genanntes Ziel der Finanzkommunikation ist die Steigerung des Unternehmenswerts.

- „Für unsere auf *langfristige Wertsteigerung* ausgerichtete Unternehmensstrategie ist die kontinuierliche und offene Kommunikation mit allen Kapitalmarktteilnehmern wichtig“ (BASF 2019: 14).
- „Im Mittelpunkt des Dialogs zwischen Investor Relations und dem Kapitalmarkt steht die *Wertperspektive* des Konzerns“ (ThyssenKrupp 2017/2018: 29).
- „Mit einer transparenten Finanzkommunikation möchten wir einen wesentlichen Beitrag zur *langfristigen Steigerung des Unternehmenswertes* leisten“ (FMC 2017: 15).
- „Für unsere *auf langfristige Wertsteigerung ausgerichtete Unternehmensstrategie* ist die kontinuierliche und offene Kommunikation mit allen Kapitalmarktteilnehmern wichtig“ (BASF 2016: 15).
- „Die Arbeit des Bereichs Investor Relations ist langfristig ausgerichtet und *unterstützt so die auf wertorientierte Entwicklung ausgerichtete Konzernstrategie*“ (Metro 2009: 42).
- „K + S verfolgt eine *wertorientierte Berichterstattung*“ (K + S. 2008: 58).
- „Das *Wertpotenzial der Gruppe transparent machen*“ (ThyssenKrupp 2002: 38).

Zugang Kapitalmarkt
Der Zugang zu Kapitalmärkten kann im Vordergrund stehen, zunächst in eher allgemeiner Formulierung.

- „Daher besteht eine der Hauptaufgaben der Kapitalmarktkommunikation darin, den *Zugang zu und die Präsenz auf den Refinanzierungsmärkten zu stärken*“ (Eurohypo 2010: 16).

Interesse an Aktien wecken

Das Interesse an der Aktie wecken, dies ist ein in mehreren Varianten ausformuliertes, häufig präsentes Ziel.

- „Weltweit das *Interesse an der Heidelberg-Aktie zu stärken und zu wecken*“ (Heideldruck 2005: 18).

Bewertung der Aktie

Prominentes finanzwirtschaftliches Ziel ist in vielen Berichten eine ebenso attraktive wie gerechte Bewertung der Aktie.

- „(...) möchten wir dazu beitragen, dass Pfeiffer Vakuum weiterhin *als attraktive Investition betrachtet wird.* Wir möchten hierdurch das Vertrauen in unsere Aktie festigen und stets eine realistische und gerechte Bewertung ermöglichen“ (Pfeiffer Vakuum 2017: 51).
- „*Ziel* unserer Investor- und Creditor-Relations-Arbeit ist es, Heidelberg transparent am Kapitalmarkt darzustellen, um *eine angemessene Bewertung der Heidelberg-Aktie und der Anleihen zu erzielen*“ (HeidelDruck 2017: 5).
- „*Sicherung des aktuellen A-Ratings hat oberste Priorität*“ (RWE 2009: 83).
- „*Den Börsenkurs der Münchner-Rück-Aktie dauerhaft zu steigern*, ist maßgebliche Richtschnur unseres unternehmerischen Denkens und Handelns“ (Munich Re 2008: 54).
- „Ein richtiges Bild des Unternehmens (zu) vermitteln, um so *eine korrekte Bewertung der Wienerberger Aktie zu ermöglichen*“ (Wienerberger 2006: 35).
- „Eine *faire Marktbewertung* der UBS-Aktie (zu) erreichen“ (UBS 2005: 116).
- „Die *Wertentwicklung der Allianz-Aktie* mag allerdings auch darunter gelitten haben, dass es uns offenbar nicht gelungen ist, einige kritische Fragen auszuräumen“ (Allianz 2004: 46).
- „Durch intensive und gezielte Investor Relations-Arbeit haben wir die *Basis für eine nachhaltig positive Aktienkursentwicklung* geschaffen“ (Satorius 2004: 19).
- „*Die Bewertung unserer Aktie am Kapitalmarkt ist ein sensibler Seismograf*, der aufzeigt, wie unsere Eigentümer die Deutsche Bank-Aktie im Vergleich mit anderen Finanzanlagen einordnen“ (Deutsche Bank 2004: 15).
- „[...]Kapitalmarktteilnehmer *von der Attraktivität der Bayer-Aktie überzeugen*“ (Bayer 2002: 6).

Beziehungspflege

Die Beziehungspflege zu den wesentlichen Playern des Kapitalmarkts kann zentrales Anliegen sein.

- „Durch umfassende Investor Relations Aktivitäten bemühen wir uns um *nachhaltige Beziehungen und einen laufenden Austausch mit Investoren, Analysten und Banken*" (Wienerberger 2017: 112).
- „Wesentliche Aufgaben von Investor & Rating Agency Relations ist die *Pflege bestehender Aktionärskontakte* und die Gewinnung neuer Anleger" (Munich Re 2014: 114).
- „Ziel unserer Kapitalmarktkommunikation ist es, einen *kontinuierlichen Dialog mit Investoren, Analysten und Banken zu führen*" (EnBW 2008: 25).
- „Eine wesentliche Aufgabe von Investor Relations bei ThyssenKrupp ist die gezielte Informationsansprache, um *bestehende Aktionärskontakte zu pflegen*, neue potenzielle Anleger zu gewinnen" (ThyssenKrupp 2002: 46).

Neue Aktionäre
Die Gewinnung neuer Aktionäre und die Ausrichtung auf Kapitalbeschaffung kann betont sein.

- „Im Mittelpunkt der Investor Relations-Arbeit 2019 standen die Pflege der bestehenden Investorenbeziehungen sowie das *Gewinnen neuer, langfristig orientierter Investoren*" (HeidelbergCement 2019: 17).
- „Gleichzeitig haben wir unsere Methoden weiterentwickelt, um noch *gezielter langfristige Investoren ansprechen zu können*" (Daimler 2019: 50).
- „Im Mittelpunkt der Investor Relations-Arbeit 2017 stand die Pflege der bestehenden Investorenbeziehungen sowie das *Gewinnen neuer, langfristig orientierter Investoren*" (HeidelbergCement 2017: 18).
- „*Für eine erfolgreiche Nutzung des Fremdkapitalmarkts zur Konzernfinanzierung* ist eine transparente, offene Kommunikation mit Finanzmärkten und Ratingagenturen von großer Bedeutung" (Metro 2007: 50).
- „Kapitalmarktteilnehmer *von der Attraktivität der Bayer-Aktie überzeugen*" (Bayer 2002: 6).

Vergleichsmöglichkeiten
Eine präzise Finanzberichterstattung eröffnet den Zielgruppen der IR Vergleichsmöglichkeiten und bietet eine Grundlage für fundierte Entscheidungen.

- „Wir legen großen Wert darauf, die Transparenz unserer Finanzberichterstattung aufrechtzuerhalten sowie *Analysten und Investoren aussagefähige Vergleiche mit früheren Berichtsperioden zu ermöglichen*" (UBS 2009: 221).

- „... allen unseren Aktionären zeitnahe, zutreffende und umfassende Informationen als *bestmögliche Entscheidungsgrundlage* für ein überlegtes Engagement in Aktien von Epigenomics an die Hand zu geben" (Epigenomics 2005: 31).

Gegenwärtige Aktionäre

Die Blickrichtung kann zuweilen aber deutlicher auf die aktuellen Anteilseigner gerichtet sein.

- „*Aktionäre der SAP können* sich auf unserer Website zeitnah und umfassend über unser Unternehmen *informieren und aktuelle sowie auch historische Daten abrufen*" (SAP 2016: 14).
- „Wesentliche Aufgaben von Investor & Rating Agency Relations ist die *Pflege bestehender Aktionärskontakte* und die Gewinnung neuer Anleger" (Munich Re 2014: 114).
- „Für unsere Investoren *streben wir einen Total Shareholder Return im obersten Viertel unserer Konkurrenzunternehmen an*" (Roche 2009: 17).
- „Ziel unserer Kapitalmarktkommunikation ist es, einen *kontinuierlichen Dialog mit Investoren, Analysten und Banken zu führen*, Informationsbedürfnisse (zu) erfüllen und das Wertpotenzial der EnBW transparent (zu) machen" (EnBW 2008: 25).
- „Fühlen uns *zu offener und transparenter Kommunikation mit unseren Aktionären* und allen anderen Stakeholdern verpflichtet" (Commerzbank 2007: 37).
- „Unseren Aktionären *ein fundiertes Urteil über ihr Unternehmen (zu) ermöglichen*" (MAN 2006: 35 und MAN 2002: 27).

3.1 Grundsätze und Prinzipien der Investor Relations-Informationspolitik

In diesem Abschnitt legen wir die Grundsätze der Investor Relations-Kommunikation dar, also die Prinzipien, nach denen sich die Unternehmen in ihrem Kommunikationsverhalten ausrichten wollen. Ging es in den ersten beiden Kapiteln um die angestrebten Ziel-Korridore der Kommunikation, geht es in diesem Abschnitt um die Art und Weise der Finanzkommunikation.

Standards

Dabei können die Standards professioneller Kapitalmarktkommunikation Orientierungsrahmen sein.

- „*Alle relevanten Standards* in der Kapitalmarktkommunikation (zu) erfüllen" (Lufthansa 2009: 35).

Unternehmensphilosophie

Exzellente Finanzkommunikation ist für manche Unternehmen Bestandteil der Unternehmensphilosophie.

- „…ständiger Dialog mit den Kapitalmarktakteuren ein wesentlicher *Bestandteil der Unternehmensphilosophie*" (evotec 2018: 13).
- „Allen Kommunikationsmaßnahmen liegt der *Schutz der Glaubwürdigkeit* (der Gemeinschaft) zugrunde" (Migros 2010 o. S.).
- „*Integrität und rechtmäßiges Verhalten* bestimmen unser Handeln" (e.on 2007: 116).

Transparenz und Offenheit

Transparenz und Offenheit sind mit Abstand die am häufigsten genannten Prinzipien, an denen sich die Finanzkommunikation orientieren möchte. Auch Kontinuität und umfassende Berichterstattung werden häufig genannt. Fairness ist ein darüber hinaus genannter Grundsatz.

- „Eine *klare, transparente und relevante Offenlegungspolitik* sowie regelmäßige und persönliche Treffen mit aktuellen und zukünftigen Aktionären bilden die *Grundlage unserer Kommunikation*" (UBS 2019: 47).
- „Wir kommunizieren *umfassend, zeitnah und offen* sowohl mit privaten und institutionellen Investoren als auch mit Finanzanalysten" (Fresenius 2019: 30).
- „Mit *Offenheit und Transparenz* soll das Vertrauen der Aktionäre und Kapitalgeber sowie der interessierten Öffentlichkeit gestärkt werden" (ProSiebenSat1 Media SE, 2018: 46).
- „*Investor Relations basiert* bei der TUI Group auf einen offenen und kontinuierlichen Dialog sowie einem transparenten Kommunikation …" (TUI Group 2018:106).
- „Unser Investor Relations-Arbeit *basiert weiterhin auf den vier Prinzipien* Offenheit, Kontinuität, Glaubwürdigkeit und Gleichbehandlung aller unserer Investoren" (e.on 2018: 15).
- „Unsere *Investor Relations-Arbeit ist den Transparenzrichtlinien des Deutschen Corporate Governance-Kodex verpflichtet*" (Fresenius 2017: 11).
- „Ziel unserer Investor Relations-Arbeit ist eine *transparente und faire* Finanzkommunikation mit allen Marktteilnehmern, um das Vertrauen in die Qualität und Seriosität unserer Unternehmensführung zu erhalten bzw. zu stärken" (K + S. 2017: 27).

- „Wir fühlen uns zu *offener und transparenter* Kommunikation mit unseren Aktionären und allen anderen Stakeholdern verpflichtet“ (Commerzbank 2017: 26).
- „Für unsere auf langfristige Wertsteigerung ausgerichtete Unternehmensstrategie ist die *kontinuierliche und offene Kommunikation mit allen Kapitalmarktteilnehmern* wichtig“ (BASF Bericht 2017: 16).
- „Um eine *größtmögliche Transparenz* zu gewährleisten, informieren wir unsere Aktionäre, Finanzanalysten, die Medien und die interessierte Öffentlichkeit regelmäßig und zeitnah über die Lage des Unternehmens“ (Allianz 2016: 8).
- *„Transparenz, Kontinuität und Verlässlichkeit* sind auch im laufenden Jahr 2017 die Leitlinien der IR-Arbeit bei Linde“ (Linde 2016: 40).
- „Es ist das Ziel der Merck AG, aktuelle Informationen an alle Aktionäre, Medien, Finanzanalysten und die interessierte Öffentlichkeit weiterzugeben und hierdurch eine *größtmögliche Transparenz zu schaffen*“ (Merck Geschäftsbericht 2010: 118).
- „Transparente und faire Finanzkommunikation ist für Haniel untrennbar mit *Kontinuität* verbunden“ (Haniel 2009: 39).

Respekt
In Einzelfällen wird auch Respekt vor den Anspruchsgruppen als Orientierungsmarke genannt.

- *„Gegenüber unseren Aktionären zeigen wir Respekt, indem wir Herausforderungen offen benennen und deutlich machen, wie wir sie angehen wollen.* Wir wissen: Unsere unternehmerischen Aktivitäten haben einen Einfluss auf die Gesellschaft“ (Deutsche Post DHL 2009: 27).

Gleichbehandlung
In sehr vielen Geschäftsberichten wird dabei der Gleichbehandlungsgrundsatz prägnant ausformuliert.

- „Um größtmögliche Transparenz und Informationsgleichheit zu gewährleisten, folgt die Unternehmenskommunikation allgemein dem Anspruch, dass *alle Zielgruppen alle relevanten Informationen zum selben Zeitpunkt erhalten*“ (Deutsche Börse 2019: 148).
- „Wir kommunizieren umfassend, zeitnah und offen sowohl mit privaten wie institutionellen Investoren als auch mit Finanzanalysten. Dabei *behandeln wir alle Aktionäre gleich*“ (Fresenius 2018: 35).

- „Ziel unserer Investor Relations-Arbeit ist eine *transparente und faire Finanzkommunikation mit allen Marktteilnehmern …*" (K + S Geschäftsbericht 2018: 29).
- „Insbesondere *stehen allen Aktionären unverzüglich sämtliche Informationen zur Verfügung, die auch Finanzanalysten und vergleichbare Adressaten erhalten*" (Continental 2017: 22).
- „Der Anspruch, allen Zielgruppen zum gleichen Zeitpunkt die gleichen Informationen zeitnah zur Verfügung zu stellen, hat höchste Priorität in der Unternehmenskommunikation und *ist durch eine Disclosure Policy geregelt*" (evotec 2017: 20).
- „Die Linde AG *erfüllt den gesetzlichen Gleichbehandlungsgrundsatz* gegenüber allen Aktionären" (Linde 2017: 22).
- „Die Linde AG *erfüllt den gesetzlichen Gleichbehandlungsgrundsatz* gegenüber allen Aktionären (Linde 2016: 20).
- „Der Dialog zwischen Investor Relations und dem Kapitalmarkt folgt dem Anspruch, *Finanzkennzahlen und weitere bewertungsrelevante Fakten allen Zielgruppen umfassend, gleichberechtigt und zeitnah in bester Qualität zur Verfügung zu stellen*" (ThyssenKrupp 2016/2017: 20).
- „Unser Dialog mit dem Kapitalmarkt folgt dem Anspruch, *Finanzkennzahlen und weitere bewertungsrelevante Fakten allen Zielgruppen weltweit umfassend, gleichberechtigt und zeitnah in bester Qualität bereitzustellen*" (ThyssenKrupp 2015/2016: 21).

Zeitnahe und präzise Information

Darüber hinaus werden Kategorien wie Zeitnähe, Präzision und stetiger, aktueller Fluss der Information auffällig betont – oft im engen Zusammenhang mit dem Gleichbehandlungsgrundsatz.

- „Wir sehen es als unseren Auftrag an, unsere Investoren auf regelmäßig stattfindenden Konferenzen und Roadshows, im Internet und im persönlichen Gespräch schnell, präzise und zielgerichtet zu informieren – denn eine *regelmäßige Kommunikation und Beziehungspflege* sind unerlässlich für eine gute Investor Relations-Arbeit" (e.on 2018: 15).
- „Zentrales Anliegen der Investor Relations ist *eine laufende, offene und aktive Kommunikation* zur Gewährleistung einer bestmöglichen Transparenz" (Wienerberger 2017: 112).
- „Um eine größtmögliche Transparenz zu gewährleisten, informieren wir unsere Aktionäre, Finanzanalysten, die Medien und die interessierte Öffentlichkeit *regelmäßig und zeitnah* über die Lage des Unternehmens" (Allianz 2017: 16).

- „Eine aktive und offene Informationspolitik, die eine zeitnahe und kontinuierliche Kommunikation beinhaltet, ist ein *wesentlicher Bestandteil wertortorientieren Handelns* bei Henkel" (Henkel 2017:34).
- „Durch eine *stetige Kommunikation* mit der Öffentlichkeit erfüllt Fresenius sämtliche Anforderungen an Transparenz, die der Kodex unter Nummer 6 aufführt. Damit wollen wir das uns entgegengebrachte Vertrauen rechtfertigen und vertiefen" (Fresenius 2016: 86).
- „Die EnBW versteht Investor Relations als Dienstleistung. Sie verfolgt das Ziel, *die Informationsbedürfnisse* von Investoren, Analysten, Ratingagenturen und Banken *zeitnah zu erfüllen*" (EnBW 2009: 26).

Best Practice: UBS
Abschließend sei in diesem Zusammenhang eine etwas längere Passage der Schweizer Großbank UBS zitiert, die eine prägnante Gesamtschau der Grundsätze ihrer Kapitalmarktkommunikation kompakt ausdrückt:

- „Zur Erreichung unserer Ziele achten wir bei unserer Finanzberichterstattung und Offenlegung auf folgende Grundsätze:
  - *Transparenz*, die zum besseren Verständnis der wirtschaftlichen Einflussfaktoren beiträgt und das Vertrauen und die Glaubwürdigkeit fördert,
  - *Konsistenz* innerhalb einer Berichtsperiode und zwischen den einzelnen Berichtsperioden,
  - *Klarheit*, damit sich der Leser ein aufschlussreiches Bild vom Geschäftsgang machen kann,
  - *Relevanz*, indem wir Informationen nicht nur dann offenlegen, wenn sie aus aufsichtsrechtlichen oder statuatorischen Gründen erforderlich sind, sondern auch, wenn sie für unsere Anspruchsgruppen von Belang sind und
  - *Best Practices*, die zur Verbesserung der Standards führen" (UBS Group 2017: 315).

3.2 Zentrale Themenfelder

Welche Themenfelder werden in den Geschäftsberichten als zentrale Gegenstände der Kommunikation markiert? Dies ist die Leitfrage für die kommende Darstellung von Originalzitaten.

Lage des Unternehmens
Die Berichterstattung zur Lage des Unternehmens kann als zentrales Thema betont sein.

- „Unseren Aktionären *ein fundiertes Urteil über ihr Unternehmen zu ermöglichen*“ (MAN 2020: 13).
- „Wir unterrichten Aktionäre, Finanzanalysten, Aktionärsvereinigungen, Medien und die interessierte Öffentlichkeit umfassend und regelmäßig über die *Lage des Unternehmens* und informieren sie unverzüglich über *wesentliche geschäftliche Veränderungen*“ (Daimler 2019: 195).
- „Im Mittelpunkt der Kommunikation standen die Modelloffensive und Antworten auf die Herausforderungen der Zukunft in der Automobilindustrie. (...) Einen weiteren Schwerpunkt bildete die *Profitabilität der Geschäftsmodelle*“ (BMW 2017: 28).
- „Unser *Ziel* ist es, institutionelle Investoren, Privataktionäre, Finanzanalysten, Geschäftspartner, Mitarbeiter sowie die interessierte Öffentlichkeit durch regelmäßige, transparente und aktuelle Kommunikation gleichzeitig und gleichberechtigt *über die Lage des Unternehmens zu informieren*“ (adidas 2015: 35).
- „Wir wollen den Marktteilnehmern eine *faire Einschätzung der Unternehmenssituation* ermöglichen“ (FMC 2007: 49).
- „*Ein richtiges Bild des Unternehmens (zu) vermitteln*, um so eine korrekte Bewertung der Wienerberger Aktie zu ermöglichen“ (Wienerberger 2006: 35).

Geschäftsmodelle, Unternehmensstrategie
Wert und Stellenwert von Geschäftsmodellen in Verbindung mit der grundsätzlichen Unternehmensstrategie können besonders betont sein.

- „Neben Fragen zu Vonovia und unserer *Investitionsstrategie* in europäischen Metropolen zählten das *Investitionsprogramm* sowie die deutsche Mietenregulierung zu den wesentlichen Themen der Kapitalmarktkommunikation“ (Vonovia 2019: 48).
- „[...] gab das Management im Rahmen eines Kapitalmarkttages am Konzernsitz ein *umfassendes Update zur Unternehmensstrategie*“ (Lufthansa 2019: 13).
- „Wir legen keine konkreten absoluten Ziele für unseren Aktienkurs fest. Vielmehr streben wir an, *dass der Wert unseres Geschäftsmodells*, der höher ist als die Summe der einzelnen Unternehmensbereiche, angemessen *widergespiegelt wird*“ (UBS Group 2017: 2).
- „*Besseres Verständnis der Investoren für unser Geschäftsmodell und unsere Strategie*“ (Roche 2010: 110).
- „Das *Geschäftsmodell der GfK präzise und professionell (zu) vermitteln*“ (GfK 2007: 26).

- „Unsere *Unternehmensstrategie in einem schwierigen Umfeld der Öffentlichkeit (zu) vermitteln*" (Deutsche Bank 2002: 29).

Strategie und Wachstum
Manche Berichte zielen prononciert auf die Verbindung von Strategie und Wachstums-Perspektiven ab.

- „Gegenstand unserer Kapitalmarktkommunikation sind *die Strategie, die operative und finanzielle Geschäftsentwicklung sowie die Nachhaltigkeitsaktivitäten* des Unternehmens" (FMC 2019: 15).
- „Wir wollen unsere Strategie und unsere Geschäftsergebnisse so kommunizieren, dass sich alle Anspruchsgruppen ein aufschlussreiches Bild von der Funktionsweise unseres Konzerns, unseren *Wachstumsaussichten* und den Risiken unserer Strategie und unserer Geschäfte verschaffen können" (UBS Group 2017: 315).
- „Gegenstand der Kommunikation waren die *Strategie und Führungsprinzipien* von Fresenius Medical Care, die operative und finanzielle Geschäftsentwicklung *sowie die Perspektiven des Unternehmens*" (FMC 2017: 15).
- *„Informationen über das Unternehmenswachstum* der SAP erachten wir als eine der zentralen Größen für unsere Investoren" (SAP 2007: 79).

Selbstverständnis
Manche Aussagen betonen das gegenwärtige Selbstverständnis des Unternehmens, das es besser zu vermitteln gilt.

- „Möchten wir zeigen, wie wir *unsere Rolle als kundenorientiertes Serviceunternehmen verstehen* und ausfüllen" (Postbank 2008: 36).

Nachhaltigkeits-Agenda
Und zunehmend wird auch die Nachhaltigkeits-Perspektive als zentrales Themenfeld benannt. Eine breite Berichterstattung hierzu enthalten die von den börsennotierten Gesellschaften veröffentlichten diversen Nachhaltigkeitsberichte oder die Nichtfinanziellen Berichte, die wir für diesen Beitrag nicht zusätzlich ausgewertet haben. Die Ergebnisse unserer Analyse sind bereits zuvor dargestellt worden (Piwinger & Kiefer, 2019).

- [„Insbesondere beobachten wir erhöhte Anforderungen an die Kommunikation von Governance-Sachverhalten *sowie Informationen zu ökologischen Leistungen des Unternehmens*" (ProSiebenSat.1 Group 2016: 17).

- „Das *Thema Nachhaltigkeit* spielt für evotec eine wesentliche Rolle für das Geschäft und die Einstellung der Gesellschaft" (evotec 2016: 19).

Messungen der Wirkung von Investor Relations-Kommunikation

Im letzten Abschnitt schließlich stellen wir dar, welche Indikatoren für die Wirksamkeit und Effizienz der Kapitalmarktkommunikation seitens der Unternehmen genannt werden und darüber hinaus, welche Instrumentarien zur Erfolgsmessung in der Praxis Anwendung finden.

Reichweite
Die Reichweite der Kapitalmarkkommunikationsaktivitäten ist ein naheliegendes Erfolgskriterium. Die folgenden drei Zitate stehen hier nur beispielhaft. Denn zu Aufwand und Tätigkeiten der Investor Relations ist bereits ein gesonderter Beitrag erschienen, auf den wir hier verweisen.

- *„Im Laufe des Berichtsjahres führten wir im Rahmen von 32 Konferenzen, Roadshows und Unternehmensbesuchen 173 Investorengespräche und trafen 332 Einzelinvestoren*, um sie über unsere Strategie, die Markt- und Ergebnisentwicklung sowie das Finanzmanagement des Unternehmens zu informieren. Präsentationen, die bei dieser Gelegenheit gezeigt wurden, veröffentlichten wir im Internet" (HeidelbergCement 2019: 17).
- „Das Investor Relations-Team hat im Geschäftsjahr 2019 *Analysten und Investoren in mehr als 1.200 Einzelgesprächen über die Entwicklung des Unternehmens informiert*. Insgesamt präsentierte sich Fresenius Medical Care auf 31 Roadshows und 34 Investorenkonferenzen in Europa, Nordamerika und Asien" (FMC 2019: 15).
- „Das Management und das Investor Relations-Team von Merck führen im gesamten Jahr 2017 *mit mehr als 780* Investoren ausführliche Gespräche im Rahmen von Investorenkonferenzen, Roadshows oder Telefonkonferenzen. Wir konnten *unsere Präsenz bei den Finanzmarktteilnehmern* somit gegenüber dem Vorjahr noch einmal deutlich ausbauen" (Merck 2017: 52).

Rückmeldungen: Analysten und Anleger

Die Auswertung der Rückmeldungen von Analysten und Anlegern spiegeln die Qualität der IR-Arbeit wider und sind ein wichtiger Erfolgsgarant im Hinblick auf die grundlegende Ausrichtung der Kapitalmarktkommunikation.

- „Gleichzeitig haben wir unsere *Methoden weiterentwickelt, um noch gezielter langfristige Investoren anzusprechen*, die ein Interesse haben könnten, sich an Daimler zu beteiligen“ (Daimler 2019: 50).
- „Wir *werten regelmäßig Rückmeldungen von Analysten und Anlegern aus* und lassen die Erkenntnisse, falls angemessen, in unsere Publikationen einfließen“ (UBS Group 2017: 315).
- *„Empfehlungen von Finanzanalysten* sind eine wichtige Entscheidungsgrundlage sowohl für institutionelle als auch für private Investoren“ (Fresenius 2017: 11).

Empfehlungen und Auszeichnungen

Empfehlungen oder Auszeichnungen von Finanzanalysten werden vereinzelt als ein Gradmesser des Erfolgs herangezogen:

- *„Beim jährlichen Ranking „Deutscher Investor Relations Preis*“ von Extel, der Wirtschaftswoche und dem Deutschen Investor Relations Verband DIRK belegte MTU unter den MDAX-Unternehmen den dritten Platz“ (MTU 2019: 31).
- „Im Rahmen dieser breit angelegten Studie befragt Thomson Reuters jährlich 15.000 Investoren und Analysten zu verschiedenen Aspekten guter Investor Relations-Arbeit. Dabei wurde *Fresenius Investor Relations-Team erneut als bestes im europäischen MedTech-Sektor ausgezeichnet*“ (Fresenius 2018: 35).

Austausch mit Ratingagenturen

Ein regelmäßiger Austausch mit führenden Ratingagenturen ist gang und gäbe und dient überwiegend dem Vertrauensaufbau.

- „Die EnBW pflegt auch einen intensiven *Austausch mit führenden Ratingagenturen* und bezieht die Analysen und Bewertungen zu Unternehmensstrategie, -situation und -aussichten in ihre Entscheidungsfindung mit ein. Gleichzeitig erhöhen diese Analysen die Transparenz bezüglich der Performance der EnBW – auch im Vergleich zu anderen Unternehmen“ (EnBW 2017: 37).
- *„Die beiden Ratingagenturen S&P und Moody's* haben im Verlauf des Berichtsjahres auf die verschlechterte Ergebnissituation zunächst mit einer Anpassung des Ausblicks reagiert und im Dezember 2019 das Rating der Daimler AG um eine Stufe zurückgenommen“ (Daimler 2019: 51).

- „*Finanzanalysten zeigen weiterhin großes Interesse an unserem Unternehmen.* Im Jahr 2019 haben 26 Aktienanalysten, sogenannte Sell-Side-Analysten, über unser Unternehmen und die Fresenius Medical Care-Aktie berichtet" (FMC 2019: 15).
- „Die Qualität unserer Kommunikation sowie unsere Leistungen bezogen auf nichtfinanzielle Indikatoren (Umwelt-, Gesellschafts- und Governance-Themen) spiegelten sich in der *kontinuierlich positiven Beurteilung durch verschiedene Ratingagenturen* wider" (Henkel 2016: 56).

Rankings
Platzierungen in Rankings wie die Folgenden sind bewährte Erfolgs-Parameter der Investor Relations.

- „Eine hohe Kapitalmarktliquidität und ein weiterhin *solides Ranking* begünstigten unsere Refinanzierung" (Daimler 2019: 48).
- „Analysten und Investoren bestätigen die Qualität unserer Finanzmarktkommunikation. Bei der jährlichen Umfrage des britischen IR Magazine erzielten wir *den ersten Platz in der Kategorie ‚Best IR' im Sektor ‚Materials'*" (BASF 2017: 16).

Analysten
Die rein quantitative Breite der Beobachtung (Coverage) durch Analysten kann ein Erfolgskriterium sein.

- „Das *Spektrum der uns regelmäßig analysierenden Banken* reicht dabei von der Investmentboutique mit regionaler Expertise bis hin zur Großbank mit internationalem Ansatz" (K + S. 2018: 28).
- „Rund *40 Analysten* von Investmentbanken und Brokerfirmen haben regelmäßig Studien zu adidas veröffentlicht" (adidas 2017: 60).
- „Rund *30 Aktien- und Anleiheanalysten* veröffentlichen regelmäßig Studien und Kommentare zur aktuellen Entwicklung des Unternehmens" (Henkel 2017: 34).
- „*27 Finanzanalysten* publizierten im Berichtsjahr regelmäßig Studien über Beiersdorf, von denen die überwiegende Mehrheit eine Kauf- oder Halten-Empfehlung aussprach" (Beiersdorf 2016: 4).
- „Die *Finanzanalysten* zeigten weiterhin großes Interesse an unserem Unternehmen" (FMC 2016: 22).
- „Im Geschäftsjahr 2016 *analysierten uns 33 Bankhäuser regelmäßig*" (K + S. 2016: 19).

- „Die *große Mehrheit der Analysten* ist in Bezug auf das mittel- bis langfristige Potenzial unseres Unternehmens zuversichtlich“ (adidas 2016: 19).

Bonitäts-Ratings

Der Ausweis von Bonitäts-Ratings spiegelt die finanzielle Stabilität und Kreditwürdigkeit von Unternehmen wider.

- „Des Weiteren veröffentlichen wir auch eine *Übersicht über den aktuellen Analystenkonsensus*“ (SAP 2018: 13).
- „Unser *Bonitätsrating* von externen Ratingagenturen ist ein wichtiger Indikator für die finanzielle Stabilität der Gesellschaft“ (Merck 2016: 59).
- „*Sicherung des aktuellen A-Ratings* hat oberste Priorität“ (RWE 2009: 83).
- „Aufgrund der *guten Bonität* stehen Lufthansa umfangreiche Finanzierungsalternativen zu attraktiven Konditionen zur Verfügung“ (Lufthansa 2004: 64).

Bewertungen der Aktien am Kapitalmarkt drücken den Marktwert von Unternehmen aus

- „Wir legen keine konkreten absoluten Zahlen für unseren Aktienkurs fest. *Vielmehr streben wir an, dass der Wert unseres Geschäftsmodells, der höher ist als die Summe aller Geschäftsbereiche, angemessen widergespiegelt wird.* Eine gute Maßeinheit ist unsere Bewertung auf relativer Basis. Betrachtet man das Verhältnis zwischen Aktienkurs und Buchwert des den Aktionären zurechenbaren Eigenkapitals abzüglich Goodwill und anderer immaterieller Vermögenswerte, so lag diese Quote in den letzten sechs Jahren permanent über 1“ (UBS Jahresrückblick 2017: 5).
- „Der *positive Trend der Aktien* der adidas AG wurde insbesondere durch die Veröffentlichung äußerst positiver Geschäftsergebnisse unterstützt“ (adidas 2016: 41).
- „Durch intensive und gezielte Investor-Relations-Arbeit haben wir die Basis für eine nachhaltig *positive Aktienkursentwicklung* geschaffen“ (Sartorius 2004: 19).
- „Die *Bewertung unserer Aktie am Kapitalmarkt ist ein sensibler Seismograf*, der aufzeigt, wie unsere Eigentümer die Deutsche Bank-Aktie im Vergleich mit anderen Finanzanlagen einordnen“ (Deutsche Bank 2004: 15).
- „Intensive IR-Arbeit hat im Kern zu einer *Stabilisierung der Aktionärsbasis* geführt“ (evotec 2004: 46).

Targeting-Studie
Eine Investor Targeting-Studie wird als spezielles Instrument benannt.

- „. . .in Zusammenarbeit mit einem externen Dienstleister eine *Investor-Targeting-Studie* durchgeführt. Auf Basis unserer strategischen Ziele in Bezug auf Wachstum, Dividenden und Bonität wurden institutionelle Investoren mit dazu passenden Anlagestrategien identifiziert. Das Ergebnis der Studie ist eine wichtige Grundlage für gezielte Ansprache institutioneller Investoren" (Heidelberg Druckmaschinen 2017: 18).

Befragungen
Repräsentative Nutzerbefragungen werden genutzt, um Verbesserungspotenziale für die operative Tätigkeit herauszufinden.

- „Eine *onlinebasierte, repräsentative Nutzerbefragung* zeigte die hohe Zufriedenheit der Nutzer der Investor Relations-Internetseiten und gab wertvolle Hinweise zu Nutzerstruktur, Informationsbedürfnissen und weiteren Verbesserungspotenzialen. Durch die zusätzliche Optimierung der Seiten für Internetsuchmaschinen haben wir unseren Nutzern die bedarfsorientierte Auswahl der Inhalte erleichtert" (Daimler 2017: 81).
- „Regelmäßig durchgeführte *Aktionärsidentifikationen* ermöglichen uns eine effektive Kommunikation" (MAN 2009: 15).

Investoren-Rückmeldungen
Die Auswertung von Rückmeldungen der Investoren geben wichtige Fingerzeige im Hinblick auf künftige Handlungskonzepte.

- „Zur weiteren Verbesserung der Qualität und Effektivität der IR-Arbeit holte das Investor-Relations-Team nach Veranstaltungen *Rückmeldungen von Investoren ein und wertete diese aus.* Die Ergebnisse fließen in die Weiterentwicklung unserer IR-Arbeit ein" (HeidelbergCement 2019: 17).
- „[…] veröffentlichen wir (auch) eine Übersicht über den aktuellen *Analystenkonsensus* in Zusammenarbeit mit Vara Research" (SAP 2018: 13).
- „*Analysten und Investoren bestätigen die Qualität* unserer Finanzmarktkommunikation" (BASF 2016: 15).
- „Gleichzeitig stellen wir sicher, dass die *Meinungen und Präferenzen unserer Investoren im internen Diskussions- und Entscheidungsprozess angemessen berücksichtigt werden*" (Munich Re 2010: 11).

Echo auf Roadshows
Das Feedback von Investoren nach Roadshows wird ermittelt und dargestellt. Die erfolgreiche Präsentation von Unternehmen vor Anlegern und Investoren in Roadshows findet sich oft kurzfristig im Orderbuch wieder.

- „Zur weiteren Verbesserung der Qualität und Effektivität der IR-Arbeit hat das Investor-Relations-Team *nach Roadshows und Konferenzen konsequent Rückmeldungen gesammelt und ausgewertet.* Die Ergebnisse fließen in die Weiterentwicklung unserer IR-Arbeit mit dem Ziel ein, den offenen Dialog und die transparente Kommunikation mit dem Kapitalmarkt erfolgreich fortzuführen und das Vertrauen in unser Unternehmen und unsere Aktie weiter zu stärken“ (Heidelberg Cement 2018: 18).
- „Nach den Management Roadshows und nach der Bekanntgabe der Ergebnisse/Trading-Updates *überwacht das IR-Team das Feedback von Investoren im Detail* (das es über die Broker der Gesellschaft erhält)“ (TUI 2014/2015: 43).

Fazit

Zusammenfassend lässt sich festhalten: Das Berufsfeld Investor Relations verfügt über ausreichend viele Parameter zur Kontrolle und Verfolgung ihrer finanzpolitischen Zielsetzungen, wie da sind: Kursentwicklung der Aktie, das Bonitätsrating, Analysteneinschätzungen, Rückmeldungen aus Gesprächen mit Investoren sowie Reaktionen nach Präsentationen, der Blick ins Orderbuch (z. B. nach einer Roadshow) und weitere. Es sind zugleich Werteparameter und Fingerzeige für die Fortführung der eigenen Arbeit. Daneben, auch das geht aus unserer Studie hervor, verfolgen Investor Relations auch mehr allgemein gehaltene Zielsetzungen, wie beispielsweise das Streben nach Aufmerksamkeit und einen Vertrauensaufbau. Es gibt aber auch noch viele weitere Ansätze innerhalb des Berufsfeldes, die es sich lohnen wird, anzuschauen. Ein vollständiges Bild gewinnen wir erst, wenn wir neben den hier behandelten Themen auch das weite Feld der Informations- und Kommunikationsaufwendungen sowie der dabei gebrauchten Instrumente und Methoden mit einbeziehen.

Quellen

Deutscher Corporate Governance Kodex (2019). Deutscher Corporate Governance Kodex in seiner Fassung vom 16.12.2019. https://www.dcgk.de/de/kodex/aktuelle-fassung/f-transparenz-und-externe-berichterstattung.html. Zugegriffen: 13. Mai 2020.

Deutscher Investor Relations Verband (2015). Leitbild. https://www.dirk.org/dirk_webseite/static/uploads/Investor-Relations-Definition-und-Leitbild.pdf/. Zugegriffen: 15. Mai 2020.

Deutscher Investor Relations Verband (2006): Berufsgrundsätze. http://www.dirk.org/dirk_website/static/uploads/DIRK-Berufsgrundsaetze.pdf/. Zugegriffen: 12. Mai 2020.

Kirchhoff, K R. & Piwinger, M. (Hrsg.) (2009). *Praxishandbuch Investor Relations. Das Standardwerk der Finanzkommunikation* (2. Aufl.). Gabler.

Kirchhoff, K. R., & Piwinger, M. (Hrsg.). (2001). *Die Praxis der Investor Relations* (2. Aufl.), Gabler.

Piwinger, M. & Hoffmann, C. P. (2022a). Kommunikation mit Kapitalgebern: Grundlagen von Finanzkommunikation und Investor Relations. In: A. Zerfaß, A, Piwinger, M., & Röttger, U. (Hrsg.), *Handbuch Unternehmenskommunikation* (3. Aufl., S. 1–18). 2019.

Piwinger, M. & Kiefer, M. (2019). Neue Qualität nichtfinanzieller Berichterstattung bei großen börsennotierten Unternehmen. In: Bentele, G., Piwinger,M., & Schönborn, G. (Hrsg.), *Kommunikationsmanagement* (Losebl. 2001 ff.), Art.-Nr. 5.109. Köln.

Piwinger, M. & C. P. Hoffmann (2022b). Kommunikation mit Kapitalgebern: Grundlagen von Finanzkommunikation und Investor Relations. In: C. P. Hoffmann, D. Schiereck, A. Zerfaß (Hrsg.), *Handbuch Investor Relations und Finanzkommunikation.* Springer Gabler.

Neue Qualität nichtfinanzieller Berichterstattung bei großen börsennotierten Unternehmen

2

In diesem Beitrag erfahren Sie,

- wie neue Inhalte die Aussagen von Geschäftsberichten und Nachhaltigkeitsberichten erweitern,
- wie neue gesetzliche Vorgaben zur Stärkung der nichtfinanziellen Berichterstattung umgesetzt werden,
- wie die verstärkte nichtfinanzielle Berichterstattung großer Unternehmen im Einzelnen ausfällt,
- auf welche Leistungsindikatoren, Kennzahlen, Methoden und Instrumente die Unternehmen dabei setzen.

2.1 Einleitung

Aktualität der Thematik

Die Finanzberichterstattung großer börsennotierter Unternehmen in der EU trat erstmals in 2018 stärker in Erscheinung. Der Grund: Seit Ende 2017 müssen alle Unternehmen mit mehr als 500 Beschäftigten jedes Jahr eine nichtfinanzielle Erklärung veröffentlichten. Die Berichterstattung ist zwingend vorgeschrieben und im Handelsgesetzbuch (HGB) verankert. Der Inhalt der Erklärung hat erkennbar eine auf die gesellschaftliche Verantwortung hin ausgerichtete Note. Zu den sechs vorgeschriebenen Bestandteilen gehören nämlich zum einen das Geschäftsmodell,

---

Der Beitrag ist erschienen unter Piwinger, M./Kiefer, M. (2019) in: Bentele, G./Piwinger, M/Schönborn, G. (Hrsg: Kommunikationsmanagement (Losebl. 2001 ff.), Art.-Nr. 5.109, Köln.

M. Piwinger and M. Kiefer, *Investor Relations*,
https://doi.org/10.1007/978-3-658-47952-7_2

der Umgang mit Menschenrechten und Korruption, zum anderen Arbeitnehmer-, Sozial- und Umweltbelange. Davon deutlich berührt ist auch die klassische Risiko-Berichterstattung. Zusätzlich sind Unternehmen verpflichtet, Veränderungen der nichtfinanziellen Leistungsindikatoren gegenüber dem Vorjahr darzustellen und zu erläutern. Ebenso gilt dies für die Darstellung der verwendeten Modelle und deren Annahmen.

Große Varianz

Die erstmalige Berichterstattung in den Geschäftsberichten des Jahres 2017 weckte nicht nur Neugier, sondern zeigte im Ergebnis auch, dass insgesamt noch eine große Unsicherheit in Bezug auf die Form der Darstellung herrscht. Die Varianz in den Berichten ist recht groß. In dem folgenden Beitrag haben wir uns die Berichterstattung 2017 bezogen auf die Angaben zu den erwähnten nichtfinanziellen Leistungsfaktoren stichprobenartig angesehen und ausgewertet. Es ist ein erster Überblick. Trotzdem lassen sich schon erste Tendenzen erkennen.

Datenbasis, Stichprobe

Als Stichprobe für diesen Beitrag wurde die Berichterstattung von 50 großen börsennotierten Unternehmen händisch analysiert, für die das CSR-Richtlinie-Umsetzungsgesetz (CSR-RUG) verbindlich ist. Für diese Untersuchungseinheit wurde ein Branchen-Mix angestrebt. Konzerne innerhalb und außerhalb der Dax 30-Gruppe sind ebenso vertreten wie große Mittelständler. Neben den Geschäftsberichten wurden ergänzend einzelne Nachhaltigkeitsberichte, gesonderte nichtfinanzielle Berichte und vereinzelt Personalberichte herangezogen. Die Berichte sind im Wesentlichen 2018 veröffentlicht worden und stellen Leistungen des Vorjahres dar. Ein Vergleich aller Berichte zeigt, dass es derzeit noch an einem einheitlichen Berichtsformat fehlt.

Forschungsfrage

Die primäre Forschungsfrage für diesen Beitrag lautete: Welche Ansätze bezüglich der nichtfinanziellen Berichtspflichten lassen sich in den Geschäftsberichten, Nachhaltigkeitsberichten und nichtfinanziellen Berichten erkennen, und welche Schlussfolgerungen ergeben sich?

Methode

Wir forschten sowohl nach Indikatoren und Leistungskennzahlen, mit denen nichtfinanzielle Leistungen der Unternehmen ggfls. gemessen wurden, aber genauso gut auch nach Instrumenten, Methoden, Tools oder weiteren Ansätzen, in denen die Leistungen der Unternehmen im nichtfinanziellen Bereich dargestellt wurden.

Das Berichtsformat spielte für unsere Betrachtung keine Rolle. Ebenso auch nicht die Platzierung, d. h. die Frage, wo genau innerhalb des Geschäftsberichtes, an welcher Stelle, ob im Lagebericht oder außerhalb des Lageberichtes, die Information publiziert wurde. Dies sind zweifellos ebenfalls spannende Fragen, sie waren für uns aber nachrangig. Vorrangig war hingegen die Fragestellung, über welche Leistungs-Indikatoren diese neue Berichterstattung überhaupt stattfindet.

2.2 Nichtfinanzielle Berichterstattung bei ausgewählten großen deutschen Unternehmen – Leistungsindikatoren: Ansätze, Methoden, Instrumente, Kennzahlen

Inhaltliche Struktur der Analyse
Die Analyse der Berichterstattung hat ergeben, dass Unternehmen durchaus eigene Akzente und Schwerpunkte setzen. Im Gesamtüberblick zeigen sich fünf auffällig verbreitete inhaltliche Schwerpunkte, die nachfolgend in fünf Teilkapiteln dargestellt werden.

- Ein beachtlicher Teil der Unternehmen setzt auf das relativ neue Instrument einer systematischen Materialitätsanalyse, um die Themen mit der größten Relevanz zu identifizieren. Das geschieht mehrheitlich unter starker Beteiligung externer Stakeholder. Dabei beziehen sich einige Unternehmen auf die GRI-Systematik und berichten eng entlang dieser Themenfelder. Andere Unternehmen suchen eher eine eigenständige Systematik. Dies ist Inhalt des ersten Unterkapitels.
- Andere Unternehmen bleiben, wie im zweiten Kapitel beschrieben, jedoch eher in der etablierten Perspektive der klassischen Nachhaltigkeitsberichterstattung, ohne eine umfassende und systematische Priorisierung der verschiedenen Felder, wie es der Wesentlichkeitsanalyse eigen ist.
- Eine Reihe anderer Unternehmen baut einen signifikanten Zusammenhang von Reputationsschutz und Risikomanagement auf. Dem widmet sich das dritte Unterkapitel.

Zwei einzelne Indikatoren werden in zahlreichen Berichten hervorgehoben: die Kunden- und die Mitarbeiterzufriedenheit.

- Wegen des zentralen Rangs, den der Faktor Kundenzufriedenheit für viele Unternehmen hat, wird er in einem eigenen Kapitel behandelt.

- Der letzte Analyseabschnitt widmet sich dann der Berichterstattung zum Komplex der Mitarbeiterzufriedenheit. Hier wird vielfach ein Zusammenhang zum Indikator Arbeitgeber-Attraktivität hergestellt. Diesen und weiteren Aspekten der Personalarbeit und der internen Kommunikation widmet sich schließlich das letzte Teilkapitel.

Wesentlichkeitsanalyse (Materialitätsanalyse) und Stakeholder-Kommunikation

Unterschiedliche Methodik
Bislang gilt: „Ausführungen zu Wesentlichkeitsüberlegungen sind kein Pflichtbestandteil der nichtfinanziellen Berichterstattung“ (PWC, 2018: 12). Dennoch informiert eine große Anzahl von Unternehmen über ihre diesbezüglichen Konzepte, Methoden und Maßnahmen. Allgemein werden die wichtigsten ermittelten Faktoren herangezogen, nämlich solche, die entweder direkte Auswirkungen auf das Unternehmen haben oder wo umgekehrt die Geschäftstätigkeit des Unternehmens diese Felder berührt. Oft geschieht dies im Kontext der Stakeholder-Kommunikation, zuweilen auch der Risikokommunikation – dies allerdings in oft ganz unterschiedlichem Ausmaß, Präzisions- und Transparenzgrad. Auch die angewandte Methodik der Wesentlichkeitsanalyse wird von der Mehrheit der Unternehmen, bezogen auf den Kontext der Stakeholder-Kommunikation, zuweilen auch der Risikokommunikation, unterschiedlich ausführlich und unterschiedlich genau dargestellt.

Unternehmen mit einer hohen Prägnanz ihrer Wesentlichkeitsanalysen
Bestimmte Unternehmen stechen wegen der vorgefundenen Prägnanz ihrer Wesentlichkeitsanalysen besonders hervor. Daher werden sie im Folgenden zunächst ausführlich und als beispielgebend einzeln vorgestellt. Dies sind K + S, Vonovia, Covestro, Bayer, Munich Re, Deutsche Post DHL, Bertelsmann. Weitere Unternehmen, die im Grundsatz ähnlich vorgehen, sind dann in einer Gruppendarstellung zusammengefasst.

Stakeholder-Dialog
K + S gibt in einer kompakten Tabelle einen guten Überblick zu den wesentlichen Themen des Stakeholder-Dialogs des Unternehmens (K + S, 2016: 21). Themen sind: Wirtschaftliche Auswirkungen, Nachhaltigkeitsmanagement, Governance, Risiko, Compliance, Stakeholder-Dialog, Mitarbeiter incl. Gesundheit, Arbeitssicherheit, Anti-Diskriminierung/Diversität, Umwelt, Menschenrechte. Die Stakeholder werden in fünf Gruppen zusammengefasst:

1. Mitarbeiter,
2. Kunden und Geschäftspartner,
3. Aktionäre/Investoren/Analysten,
4. Politik und Verwaltung,
5. Standort-Gemeinden.

Zu diesen Stakeholdern folgen jeweils in drei Kategorien kurze Angaben:

- Es werden erstens die Hauptthemen in Stichworten genannt, die hier kommuniziert werden.
- Zweitens werden die Methoden des Dialogs benannt, also Kommunikationsformen und -formate.
- Und drittens erfolgt eine Angabe zur Häufigkeit, dies allerdings nur in der groben Dreiteilung von „gelegentlich“, „häufig“, „kontinuierlich“. Kennziffern, Quotienten, Zahlen, Prozentangaben werden nicht verwandt (Abb. 2.1. auf der folgenden Seite).

Stakeholder-Matrix
Der hohe Stellenwert des Stakeholder-Dialogs für das Unternehmen wird zweifach begründet: zum einen dient er zur Kommunikation und Verdeutlichung der eigenen Positionen, zum anderen wird er als Instrument genutzt, um relevante Themen rechtzeitig zu identifizieren und Auswirkungen auf die eigene Geschäftstätigkeit zu untersuchen. Infolge von Gremien-Diskussionen (Governance Risk Compliance Ausschuss, Nachhaltigkeits-Komitee) fließen die Ergebnisse dieser „Materialitätsanalyse“ dann in eine eindrucksvoll visualisierte Matrix ein (K + S 2016: 75), in welcher die interne und externe Analyse zusammenfließen. Ausgehend von zwei Polen (hoher Rang und niedriger Rang) wird positioniert, welchen Stellenwert die Themen jeweils aus Unternehmenssicht als auch aus Stakeholder-Sicht haben. Höchsten Rang in der Schnittmenge beider Perspektiven genießen die Themenfelder „Gesundheit“, „Arbeitssicherheit“, „Umwelt“, gefolgt von „Mitarbeiter“. Das Themenfeld „Menschenrechte“ steht hingegen im unteren Mittelfeld.

23 Einzelthemen
Der Wohnungsbaukonzern **Vonovia** bedient sich ebenfalls einer Wesentlichkeitsanalyse, deren Ergebnisse im Geschäftsbericht auch visualisiert dargestellt sind (Vonovia, 2017: 23). 23 Themen sind hier erfasst und jeweils auf den Achsen Stakeholderperspektive und Unternehmensperspektive priorisiert. Dabei wird mit vier Kategorien gearbeitet (geringe Relevanz, mittlere Relevanz, hohe Relevanz,

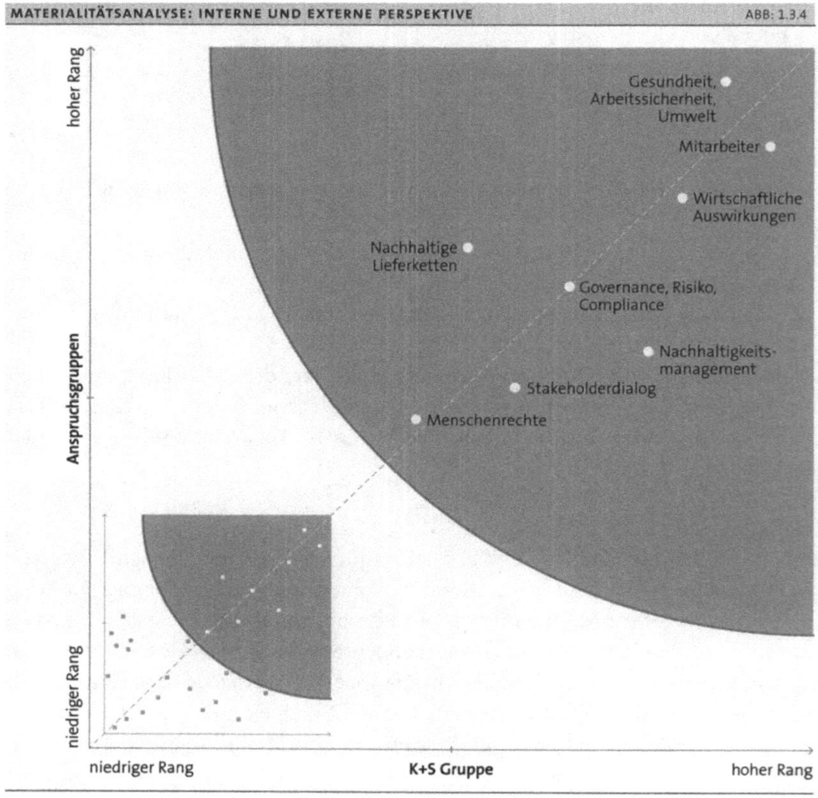

Abb. 2.1 Wesentlichkeitsmatrix von K + S. (Quelle: K + S, Geschäftsbericht, 2016)

sehr hohe Relevanz). Sechs Themen haben aktuell in der Schnittmenge beider Perspektiven die höchste Relevanz und zwar genau in dieser Abfolge:

1. Schaffung von Wohnraum,
2. Gesundheit und Sicherheit der Mieter,
3. bezahlbare Mieten,
4. Energieeffizienz und Reduktion von Treibhausgasen im Bestand,
5. Zufriedenheit der Mieter,
6. langfristiges Wachstum.

Stakeholder-Befragung

Covestro arbeitet ebenfalls mit einer Wesentlichkeitsanalyse auf der Grundlage einer Stakeholder-Befragung (Covestro, 2017: 86–87). Das Unternehmen fasst die Stakeholder in vier Gruppen zusammen: Partner (Lieferanten, Mitarbeiter, Verbände, Wissenschaft), Finanzmarktteilnehmer, Regulierer (Behörden, Gesetzgeber, Politik), Gesellschaftliche Interessengruppen (Medien, Nachbarn, NGO's). Eine Stakeholder-Matrix zeigt das Ergebnis mit den beiden Achsen der Stakeholder- und der Unternehmensperspektive. Die Themen werden mit drei Kategorien priorisiert: „mittel", „hoch", „sehr hoch". Im Berichtszeitraum 2017 ist das Thema „Gesellschaftliches Engagement" am niedrigsten eingestuft. Die höchste Bewertung aus beiden Perspektiven haben:

1. innovative Lösungen zur Reduzierung des Klimawandels,
2. innovative Lösungen als Beitrag zur Erreichung der UN-Nachhaltigkeitsziele,
3. Produktverantwortung.

Die priorisierten Themen sollen künftig stärker in die strategische und wirtschaftliche Geschäftsausrichtung integriert werden.

Notwendige Überprüfung der Materialitätsanalyse

Gleichfalls mit einer Stakeholder-Matrix arbeitet **Bayer**, um die für den Konzern wesentlichen Handlungsfelder aus der Analyse von Stakeholder-Erwartungen abzuleiten (Bayer, 2017: 57). Im aktuellen Geschäftsbericht wird die Notwendigkeit betont, die bisherige Materialitätsanalyse grundsätzlich und umfassend zu überprüfen – eine Notwendigkeit, begründet vor allem durch die prominenten Verkäufe und Zukäufe (Covestro und Monsanto). Die Matrix wird allerdings nicht visualisiert.

Mehrstufiger Prozess des Dialogs

Der Münchener Versicherungskonzern **Munich Re** arbeitet mit einer Materialitätsanalyse, die als Ergebnis eines mehrstufigen Prozesses (Munich Re, 2017c: 10–11) in der Stakeholder-Kommunikation entsteht, und zwar als Ergebnis eines jährlichen Austausches mit 50 internen und 100 externen Stakeholdern. Die letzte Bestätigungsrunde erfolgt durch 40 ausgewählte externe Stakeholder. Das Ergebnis ist in einer Matrix mit den beiden Achsen der Stakeholder- und der Unternehmens-Perspektive dargestellt (ebd.: 12). Diese ist allerdings deutlich ungenauer als bei den zuvor dargestellten Unternehmen. Die Matrix arbeitet mit wenigen (acht) und viel allgemeineren Themenblöcken. Die Priorisierung ist weniger eindeutig erkennbar, da hier auf Pole wie niedrig bis hoch o. ä. verzichtet wird. Deutlich ist allerdings, dass der Klimawandel höchste und die Nahrungsmittelsicherheit an dieser Stelle geringste Priorität genießen.

Echtzeit-Monitoring
Die **Deutsche Post DHL** führt bei sich alle zwei Jahre eine Materialitätsanalyse durch (Deutsche Post DHL, 2017: 21). In diese fließt nicht nur die externe Stakeholder-Befragung ein. Betont wird in diesem Zusammenhang weiterhin der Einfluss des kontinuierlichen Issues-Management-Prozesses. Das hierin integrierte Monitoring des Konzerns wertet in Echtzeit mehr als 20.000 Online-Medien und Social Media-Quellen aus. Die Ergebnisse werden „regelmäßig“ – ohne weitere Präzisierung der Frequenz– intern berichtet und fließen in den jährlichen CSR-Bericht ein.

Keine eindeutige Priorisierung
In der Darstellung der wesentlichen Themen fällt der Bericht allerdings im Vergleich zu den anderen, zuvor dargestellten deutlich ab. Die neun Themen werden lediglich in einer einfachen Kästchen-Tabelle gezeigt (ebd.). Es sind: Wertschöpfungskette, Compliance, Datenschutz und Sicherheit, Energieeffizienz und Klimawandel, Luftverschmutzung, Mitarbeiterengagement, Achtung der Menschenrechte, Mitarbeiterentwicklung, Arbeits- und Gesundheitsschutz. Eine aussagefähige Matrix mit eindeutiger Priorisierung fehlt. Es wird im Text wohl von Priorisierungen gesprochen (hoch: Achtung der Menschenrechte, weniger hoch als zuvor: Lärm). Aber wie das Unternehmen damit umgeht und wie der Priorisierungsgrad im Vergleich der anderen Themen einzuschätzen ist, bleibt undeutlich.

CR-Management
Einen deutlichen Akzentunterschied setzte **Bertelsmann**. Zwar arbeitet der Medienkonzern gleichfalls mit einer Wesentlichkeitsanalyse und nimmt für seine nichtfinanzielle Erklärung im Geschäftsbericht dezidiert Anschluss an die GRI-Standards in der Fassung von 2016 (Bertelsmann, 2017: 40). Betont wird darüber hinaus der jeweils zur Jahresmitte veröffentlichte freiwillige CR-Bericht, ebenfalls ausgerichtet an denselben GRI-Standards. Zwar stellt der Geschäftsbericht durchaus angemessen die Organisation des CR-Managements dar, beschreibt das Zusammenwirken von externen Gremienebenen mit externen Stakeholder-Befragungen. Als Ergebnis dieser Abstimmungsprozesse wurden die folgenden Themen dann als relevant herausgestellt:

1. Arbeitnehmerbelange,
2. Sozialbelange,

3. Menschenrechte,
4. Bekämpfung von Korruption und Bestechung,
5. Umwelt (ebd. 40/41).

Eine Priorisierung der Felder, ggfls. getrennt aus Stakeholder- und Unternehmens-Perspektive, fehlt.

Kein Zusammenhang zur Steuerung

Widersprüchlich wird überraschend subsumiert, dass der Konzern, wie es heißt, wegen der mangelnden Quantifizierbarkeit und Messbarkeit *keinen* Zusammenhang zur Steuerung des Unternehmens sieht: „Corporate-Responsibility-Themen einschließlich nichtfinanzieller Leistungsindikatoren zählen nicht zum wertorientierten Steuerungssystem von Bertelsmann. Aufgrund einer nur eingeschränkten Messbarkeit können keine unmittelbar quantifizierbaren Aussagen zu Wirkungszusammenhängen und Wertsteigerungen mit Relevanz für den Konzern getroffen werden. Die nichtfinanziellen Leistungsindikatoren werden daher nicht zur Steuerung des Konzerns verwendet“ (ebd.: 41). Dazu passt, dass die Bearbeitung der vom verantwortlichen Gremium „Bertelsmann CR Council“ im Berichtszeitraum genannten Themen lediglich lapidar aufgezählt werden, ohne jede Vertiefung und Akzentsetzung (ebd.: 8–9). Die genannten Themenfelder sind identisch mit den GRI-Standards 2016.

Knapp und ohne Details

Nicht alle Unternehmen leisten ihre Wesentlichkeitsanalyse in vergleichbarer Prominenz bzw. Ausführlichkeit ihrer Berichterstattung. **Voith** beispielsweise gibt im Kapitel „Nachhaltigkeit“ lediglich an, regelmäßig Stakeholder-Befragungen durchzuführen, die dann in eine Materialitätsanalyse (Wesentlichkeitsanalyse) einflössen, was wiederum Einfluss auf die unternehmerische Nachhaltigkeits-Strategie nehmen würde (Voith, 2017: 90). Beraten werde das Unternehmen hierbei von einem Advisory Board Sustainability. Detaillierte Angaben zum Aufbau und zur Methode der Analyse, zum Einbezug welcher Stakeholder genau und zur Frequenz der Regelmäßigkeit fehlen. Inhaltlich identisch, ebenso knapp und ohne Details zum Prozess berichtet **Thyssenkrupp** (thyssenkrupp, 2017: 40).

Ermittelte Themen

Und ganz ähnlich geht auch **RWE** vor. Ohne den Begriff der Wesentlichkeits- oder Materialitätsanalyse zu verwenden, wird aber dasselbe Anliegen betrieben. Durch

Befragung ausgewählter Stakeholder werden die für das Unternehmen relevanten Themen ermittelt, die dann im Nachhaltigkeitsbericht benannt und in knappen Absätzen beschrieben werden (RWE AG, 2017: 14):

- *Umwelt*
  Einzelthemen: diverse Emissionen, Beitrag zur Erreichung Klimaziele, innovative Produkte/Dienstleistungen, Eingriffe in Landschaft/Natur, Effizienz Kraftwerke/Anlagen,
- *Arbeit*
  Einzelthemen: Arbeitsunfälle, Gesundheitsförderung, Stressbewältigung,
- *Gesellschaft*
  Einzelthemen: Schutz Infrastruktur vor Cyberangriffen, Transparenz politischer Kommunikation, Sicherheit/Schutz Kernkraftwerke, neue Speichertechnologien, Dialog mit Kritikern, regionale Partnerschaften/Kooperationen,
- *Menschenrechte*
  Einzelthema: Herkunft Importkohle,
- *Korruptionsbekämpfung*
  Einzelthema: Umsetzung/Kontrolle des Verhaltenskodex.

Den Bereichen „Klimaschutz" und „Anlagenschutz" wird dabei höchste Priorität beigemessen. Es wird allerdings nicht dargestellt, wie diese Priorität ermittelt wird.

Nachhaltigkeitsbericht
Interessanterweise verwendete dagegen der im Vorjahr vorgelegte Nachhaltigkeitsbericht des Energiekonzerns den Begriff der Materialitätsanalyse und schloss dabei ausdrücklich an die G 4-Leitlinien der Global Reporting Initiative (GRI) an (RWE AG, 2016: 14). Dieser beschrieb auch deutlich den insgesamt zweistufigen Prozess, der zur Aufnahme der Themen geführt hat. Zunächst wurden Daten auf drei Ebenen generiert: Befragung von Repräsentanten der wichtigsten Stakeholder plus strukturierte Interviews mit Vertretern der Zivilgesellschaft/Organisationen/Institutionen aus mehreren Ländern und Bewertung der Informationen in Diskussionen mit den CR-Verantwortlichen des Konzerns. Hierauf wurde ein konzernweiter Abstimmungsprozess mit Einbezug verschiedener Managementebenen zur Validierung der Ergebnisse aufgesetzt, der dann letztlich in den vorgelegten Nachhaltigkeitsbericht mündete.

Auflistung der Themenbereiche

Beiersdorf benennt in seiner Erklärung zum Nachhaltigkeitsbericht die einzelnen Themen jeweils für die beiden großen Unternehmensbereiche „Consumer“ und „Tesa“ (Beiersdorf, 2017: o. S.). Die als wesentlich genannten Themenbereiche sind im Kern dieselben: Menschenrechte, Klima, Umwelt, Emissionen, Arbeitssicherheit, Produktsicherheit, Wettbewerbswidriges Verhalten. Eine Rangfolge der Themen im Sinne einer Priorisierung, vergleichbar etwa zum Vorgehen von K + S, erfolgt jedoch nicht. Erwähnt wird lediglich kurz, dass die beiden Geschäftsbereiche für sich die Themen jeweils identifiziert haben, wonach diese im Anschluss per Workshop bewertet wurden. Kriterien dabei waren: regulatorische und finanzielle Risiken, Auswirkungen auf die Reputation, Preis- und Umsatzpotenziale. Nähere Angaben zum methodischen Vorgehen und zur Zusammensetzung des Workshops fehlen.

Priorisierung von Einzelthemen

Nicht viel anders ging **TUI** vor. Der Reisekonzern setzte im Berichtszeitraum auf eine Wesentlichkeitsanalyse, hervorgegangen aus einem qualitativ-quantitativen Methoden-Mix, nämlich zum einen Interviews mit ausgewählten Stakeholdern und zum anderen Umfragen in fünf europäischen Märkten (TUI, 2017: 73/74).

Im Ergebnis wurden folgende 24 Einzelthemen priorisiert: Sicherheits- und Krisenmanagement, Compliance, Soziale Verantwortung für Mitarbeiter, Kinderschutz, Klimaschutz, Gästesensibilisierung, Abfallmanagement, Wasserversorgung, Entwicklung nachhaltiger Produkte, Engagement in den Urlaubsgebieten, Corporate Governance, Menschenrechte, Biodiversität, Energieeinsatz, Abwasserbehandlung, Stakeholdermanagement, Landschaft/Bebauung, Supply Chain Management, Diversity Management, Demografische Entwicklung, Innovationsmanagement, Personalentwicklung, Förderung Bildung, Förderung Kultur.

Der Risikogehalt dieser 24 Einzelthemen wurde dann in einer zweipoligen Risiko-Matrix positioniert. In dieser sind die Einzelrisiken in den Zonen „niedrig“, „mittel“ und „hoch“ eingeordnet – betrachtet jeweils auf der Achse der Stakeholder und des Unternehmens. In der Schnittmenge eindeutig als höchst risikobehaftet, aus beiden Perspektiven, kristallisiert sich das Sicherheits- und Krisenmanagement als das deutlich wesentlichste Thema heraus (ebd.: 74).

Darstellung der Themenbereiche aus Konzern- und aus Stakeholder-Perspektive

Lufthansa referiert für den aktuellen Geschäftsbericht seine 2016 angestellte Wesentlichkeitsanalyse, die bereits eng an die G4-Standards der GRI und der zehn Prinzipien der UN Global Compact angelehnt war. Die ermittelten Themen sind

Ergebnis einer breit angelegten Stakeholder-Befragung (Lufthansa, 2017a: 19). Die Antworten flossen „gebündelt", zusammen mit den Einschätzungen des Managements, in eine Stakeholder-Matrix ein (Lufthansa, 2016: 20). Die Matrix stellt die priorisierten Themenfelder jeweils aus Konzern- und aus Stakeholder-Perspektive dar, gewichtet nach lediglich zwei Kategorien („wichtig" und „sehr wichtig"). Eine Besonderheit der Lufthansa-Matrix ist der Versuch, die Themen nach interner und externer Wirkweise abzubilden (Abb. 2.2).

Ca. 30 Einzelthemen

Novartis setzt bereits seit 2013 auf eine Wesentlichkeitsanalyse und beschreibt die Methodik auf einer ganzen Seite des Geschäftsberichts (Novartis, 2017: 10). Im Berichtszeitraum waren 1000 interne und 200 externe Stakeholder daran beteiligt, eine aus 30 Einzelthemen bestehende Liste zu filtern. Das Vorgehen ist recht analog zu den zuvor dargestellten Unternehmen. Angekündigt wird für die Zukunft das Aufsetzen von Szenario-Analysen zu einzelnen der bearbeiteten Themenfelder.

Fokus liegt auf der internen Kompetenz

Fresenius Medical Care geht etwas anders vor und setzt bei der Wesentlichkeitsanalyse vor allem auf interne Kompetenz. Das Vorgehen in der Wesentlichkeitsanalyse wird Schritt für Schritt genau erklärt (Fresenius Medical Care, 2017: 79). Am Anfang der Themenidentifikation steht ein Branchen-Benchmarking im Gesundheitswesen, hinzu kommen externe Rankings und Ratings, Branchenberichte u. a. Es folgen interne Workshops mit Experten aus allen Geschäftssegmenten. Die in diesem Prozess priorisierten Themen werden im Anschluss sowohl von Führungskräften als auch von Mitgliedern der Unternehmensleitung bestätigt. Im Wesentlichen geht es um die komplexe Verantwortung für Patienten und Mitarbeiter, Bekämpfung von Korruption, Menschenrechte, Umwelt, Lieferanten.

Nur geringfügige Bedeutung

Dagegen fällt geradezu auf, wie lapidar **Bertelsmann** in einer fünfzeiligen Negativanzeige feststellt, dass für die im deutschen CSR-Richtliniengesetz definierten nichtfinanziellen Aspekte Arbeitnehmer und Sozialbelange, Bekämpfung von Korruption und Bestechung, Achtung der Menschenrechte und Umwelt für den Berichtszeitraum keine wesentlichen Risiken für den Medienkonzern darstellen (Bertelsmann, 2017: 41). Eine nähere Begründung wird nicht abgegeben.

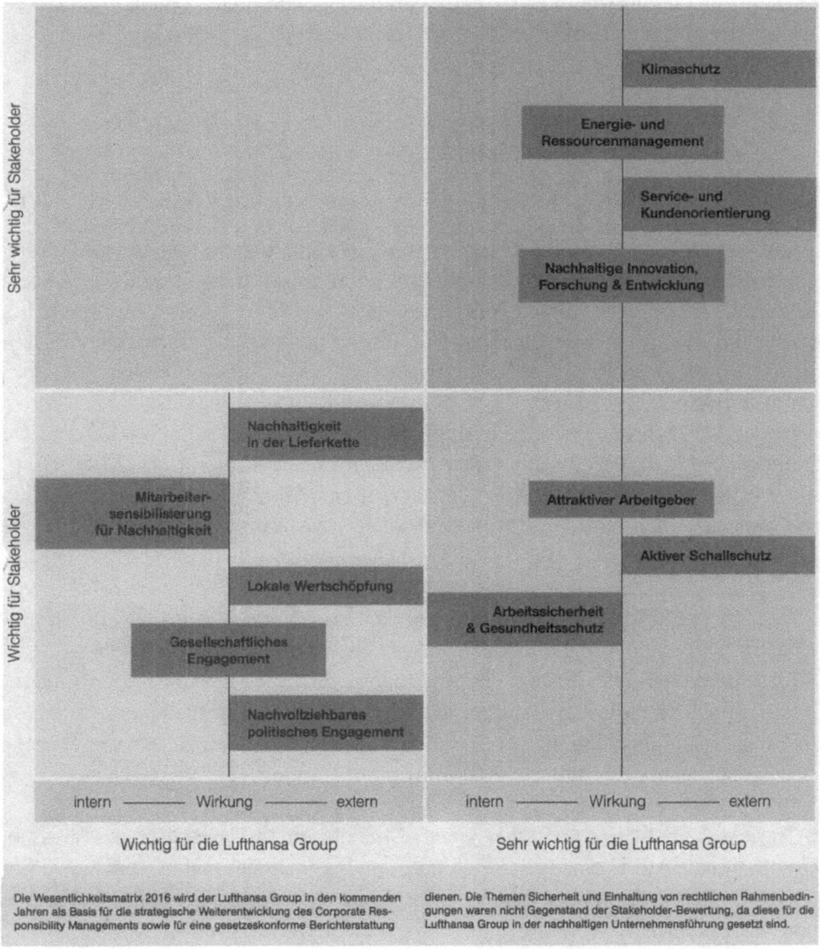

Abb. 2.2 Wesentlichkeits-Matrix der Lufthansa. (Quelle: Nachhaltigkeitsbericht Balance 2016)

Unternehmensberichte mit Bezug auf die G 4-Richtlinien

EnBW, Deutsche Bank und ProSiebenSat.1 arbeiten wie die knappe Hälfte aller berichtspflichtigen Unternehmen mit einer Wesentlichkeitsanalyse, wobei sich alle drei dabei explizit auf die G 4-Richtlinien (Kern-Option „Core") der GRI beziehen und dann eng entlang dieser Systematik berichten – soweit sie sich auf Wesentlichkeitsaspekte beziehen (EnBW, 2017: 35; Deutsche Bank, 2017: 14; ProSiebenSat.1, 2017: 10).

Nachhaltigkeitsagenda

Auffällig viele Unternehmen berichten über Nachhaltigkeit nunmehr im systematischen Rahmen der im Vorkapitel skizzierten Wesentlichkeitsanalyse. Andere Unternehmen hingegen nützen weiterhin unterschiedliche Kapitel im Geschäftsbericht, um ihnen wichtige Einzelaspekte ihres Engagements zu markieren.

Business-to-Society-Ansatz
So betont der Technologiekonzern **Siemens** seine Eigenständigkeit in diesem Feld (Siemens, 2017: 9). Im Abschnitt über Nachhaltigkeit beschreibt der Geschäftsbericht die Rolle des Unternehmens als weltweit anerkannter Vordenker mit seinem 2015 weltweit eingeführten „Business-to-Society"-Ansatz. Dieser besteht aus vier Schritten:

1. Außenbetrachtung der wichtigsten Entwicklungsprioritäten im jeweiligen globalen, regionalen, projektbezogenen Kontext,
2. Identifizierung und Messung des Unternehmens-Beitrags zu diesen Prioritäten,
3. Festlegung strategischer Handlungsfelder, um diesen Beitrag zu vergrößern,
4. Transparenz hinsichtlich des Beitrags schaffen, indem externe und interne Anspruchsgruppen kontinuierlich informiert werden.

Im Berichtsjahr 2017 wurde die Analyse bereits in 23 Ländern abgeschlossen. Darüber hinaus wurde eine weitere globale Analyse beendet und hieraus eine „Siemens – Business to Society Global Value Map" entwickelt. Es bleibt bei diesen relativ abstrakten Beschreibungen. Die Map wird im Bericht nicht abgebildet. Inwieweit externe Standpunkte, Stakeholder-Perspektiven etc. in die Analysen einfließen, wird im Übrigen nicht näher thematisiert. Für 2018 wird ein verbessertes Messverfahren angekündigt, mit dem die Einflüsse der Geschäftstätigkeit des Unternehmens in Umweltrelevanten Feldern dargestellt werden sollen.

Vergleich finanzieller und nichtfinanzieller Wirkungen
Der Chemie-Konzern **BASF** betont ebenfalls seinen eigenständigen Ansatz (BASF, 2017: 31). In der Sache analog zu Siemens arbeitet er mit einer „Value

to Society"-Methodik, mit der ökonomische, ökologische und soziale Auswirkungen der Geschäftstätigkeit monetär bewertet werden können. Ziel ist es, finanzielle und nichtfinanzielle Wirkungen miteinander besser vergleichen zu können und Wechselwirkungen aufzuzeigen. Die Methodik wird im Bericht nicht näher entfaltet.

Zweistufiger interner Auswahlprozess

Munich Re grenzt sich geradezu von den Standards der Nachhaltigkeitsberichterstattung ab, was von ihrer Geschäftstätigkeit her durchaus verständlich ist. Rahmenwerke wie der Deutsche Nachhaltigkeitskodex oder die Global Reporting Initiative werden nämlich als für die nichtfinanzielle Berichterstattung des Münchener Konzerns als ungeeignet eingeschätzt (Munich Re, 2017a: 3).

Alternativ wird ein interner, zweistufiger Prozess eingesetzt, der zur Aufnahme der Sachverhalte in einen eigenständigen nichtfinanziellen Bericht führt. Die Vorgehensweise sieht vereinfacht so aus: Im ersten Schritt werden potenzielle Themen durch Fachabteilungen wie Personal, Compliance, Public Affairs identifiziert. Danach werden die Sachverhalte fachbereichsübergreifend diskutiert. Hierbei wird dann mittels eines einheitlichen Kriterienkatalogs überlegt, welche der diskutierten Sachverhalte für Geschäftsverlauf, Geschäftsergebnisse und Lage des Konzerns wesentlich sind. Im Ergebnis kristallisierten sich im Berichtszeitraum drei Themenfelder besonders heraus:

1. Munich Re als Arbeitgeber erster Wahl und hierbei besonders das Thema Vielfalt als strategischer Erfolgsfaktor,
2. Bekämpfung von Korruption und Bestechung,
3. Corporate Responsibility, sowohl des Unternehmens als auch der Kapitalanlagen.

CSR-KPI's

Die **Telekom** betont, dass sie im Feld der Corporate Social Responsibility gleich mit einer ganzen Reihe Kennzahlen arbeitet, um Fortschritte des Engagements messen zu können: „Im Rahmen unseres CR Controllings erfassen wir ‚Environmental, Social und Governance (ESG)-Daten' und Kennzahlen" (Telekom, 2017: 78). Namentlich nennt der Bericht den ESG-KPI „Nachhaltiges Investment". Hiermit soll abgebildet werden, wie die Finanzmärkte das Nachhaltigkeitsengagement des Konzerns messen. Die Kennzahl misst den Anteil der Aktien, die von Investoren gehalten werden, deren Anlagestrategie zumindest anteilig von ökologischen und/ oder sozialen Aspekten teilweise mitbestimmt wird. Das Ergebnis im Berichtszeitraum: zum Stichtag waren 18 % der Konzernaktien im Besitz solcher Investoren und drei Prozent wurden von Investoren gehalten, für die CSR-Kriterien vorrangig sind. Abschließend wird berichtet, in welchen etablierten Nachhaltigkeitsindices die Telekom-Aktie geführt wird (u. a. UN Global Compact 100 Index).

Sponsoring-Richtlinie

BMW akzentuiert in seinem Nachhaltigkeitsbericht (BMW, 2017a: 144) eine bereits 2011 aufgelegte Sponsoring-Richtlinie „Sponsoring, Spenden und Mitgliedschaften“, in welcher konzernweite, verbindliche Verhaltensregeln formuliert sind. Als Motivation wird betont, dass das Unternehmen im Rahmen seines gesellschaftlichen Engagements größten Wert auf Transparenz, Einhaltung aller gesetzlichen Rahmenbedingungen und präzise Dokumentation legt.

Außerdem will der Konzern die Wirkungen seiner Engagements genauer kennen und benennen können. Seit 2010 wird dafür eine Methode zur Erfolgsmessung eingesetzt, die im Bericht „Input-Output-Outcome-Impact“ (iooi) genannt wird: „Durch die Aufstellung eingesetzter Mittel (Inputs), erbrachter Leistungen (Outputs), erzielter Ergebnisse (Outcomes) und erreichter Wirkungen (Impacts)“ (ebd.). Damit werden zwei Ziele verfolgt. Zum einen soll das gesellschaftliche Engagement nach Nutzen und Aufwand differenziert werden, zum anderen seine Wirkung messbar und darstellbar werden.

Lobbying-Richtlinie, Nachbarschafts-Dialog

Covestro betont im Abschnitt über gesellschaftliches Engagement zwei aktuelle Aspekte. Mit einem neuen Lobbying-Verhaltenskodex wurden klare, verbindliche Regeln für das Agieren im politischen Raum gesetzt (Covestro, 2017: 107). Beachtet werden in diesem Zusammenhang besonders die Auswirkungen der Geschäftstätigkeit auf direkte Nachbarn. Dafür werden spezielle Veranstaltungsformate intensiv genutzt. In den USA wird der Dialog über sog. Nachbarschaftsforen organisiert (Community Advisory Panels). In Deutschland sorgen die Chempark-Nachbarschaftsbüros für einen Nachbarschaftsdialog. Diese Instrumente werden insbesondere bei/vor Inbetriebnahme neuer Anlagen eingesetzt (ebd.).

Lieferanten-Kodex

Thyssenkrupp geht innerhalb des Lageberichts näher auf seinen „Supplier Code of Conduct“ ein (thyssenkrupp, 2017: 89). Um mit dem Stahlkonzern zusammenarbeiten zu können, müssen Lieferanten überzeugend nachweisen können, dass sie den hier aufgeführten Normen zur Wahrung der Menschenrechte, Einhaltung fairer Arbeitsbedingungen, Schutz der Umwelt, Kampf gegen Korruption, Transparenz über die Herkunft bestimmter Mineralien („Konfliktmaterialien“) entsprechen.

Nachhaltigkeitsaudits
Jährlich verlangt Thyssenkrupp von mindestens 100 Lieferanten Nachhaltigkeitsaudits anhand definierter Risikokriterien. Im Berichtszeitraum gab es 150 Audits. Im Rahmen dieser Audits werden Verbesserungsmaßnahmen beschlossen und im Anschluss überprüft. **BMW** geht ähnlich vor, arbeitet mit stichprobenhafter Überprüfung per Lieferanten-Audits (BMW, 2017b: 215). Zur Meldung von Nachhaltigkeitsverstößen steht beim Autokonzern seit dem Berichtsjahr ein neues Tool „Human Rights Contact Supply Chain" zur Verfügung (ebd.: 218).

Compliance-Homepage
Eine eigene Compliance-Homepage mit Trainingsangeboten und weitere Serviceangeboten stehen auf der BMW-Website zur Verfügung. Um die Mitarbeiter verstärkt für die Thematik zu sensibilisieren, wurde 2017 eine interne Kommunikationskampagne gestartet, in der über verschiedene Kommunikationsmittel Informationen zum Compliance Management System breit gestreut worden sind.

Auch **Continental** hat im Berichtszeitraum seinen „Supplier Code of Conduct" überarbeitet (Continental, 2017b: 7). **BASF** setzt auf das Kommunikationsmittel der Compliance Hotline, wobei im Berichtszeitraum 193 Meldungen mit Bezug auf Menschenrechtsverstöße berichtet werden (BASF, 2017: 31).

Compliance-Systeme bei Zulieferern
adidas sieht einen klaren Zusammenhang zwischen einer stringenten Nachhaltigkeitsstrategie und der Ansehens- sowie vor allem Wertsteigerung des Unternehmens (adidas, 2017: 3). Deswegen wird auf eindeutige Ziele und klar definierte Meilensteine gesetzt. Hervorgehobene Aspekte sind Arbeitsplatzstandards und Compliance-Systeme in den Zulieferbetrieben. Mit einem Rating-Tool werden derzeit sechs grundlegende Compliance-Elemente systematisch geprüft und bewertet.

Regelmäßiges Compliance-Training
Continental hebt in seinem nichtfinanziellen Bericht das regelmäßige Compliance-Training hervor (Continental, 2017b: 7), wobei E-Learning-Programme besonderen Stellenwert einnehmen. Im Berichtszeitraum wurden insgesamt über 83.000 Teilnehmer zu Fragen von Compliance, Kartellrecht und Korruptionsprävention geschult (Präsenztrainings und Online-Schulungen insgesamt). Hier wird eine Kennziffer eingesetzt. Für Online-Trainings strebt das Unternehmen eine Erfüllungsquote an – wohl zu verstehen als komplett abgeschlossene Maßnahme. Das Ziel wird allerdings nur genannt, jedoch nicht quantifiziert. Ob es im Berichtszeitraum auch erfüllt wurde, wird nicht gesagt.

Präventive Compliance-Beratung
Linde legt Wert auf eine präventive Compliance-Beratung. Als neuer Kommunikationsweg wird auf Video-Tutorials zur Compliance-Schulung gesetzt (Linde 2017).

Unternehmensweiter Verhaltenskodex
Der Chemiekonzern **BASF** setzt auf einen unternehmensweiten Verhaltenskodex, der Standards für alle Mitarbeiter und deren Unternehmensalltag bereithält (BASF, 2017: 113). Das konzernweit agierende Compliance-Programm soll die Einhaltung sicherstellen.

Reputation und Risikokommunikation

Risikomanagement und Risikokommunikation
Die Forderung nach verstärkter nichtfinanzieller Berichterstattung rückt das Risikomanagement und die Risikokommunikation der Unternehmen mit in den Blick. Naturgemäß interessieren gerade in diesem Zusammenhang Fragen zur Unternehmensreputation in besonderem Maße. Erstmals sieht das neue CSR-Richtlinie-Umsetzungsgesetz (CSR-RUG) Angaben zu nichtfinanziellen Risiken vor.

Reputationsrisiko
Das Reputationsrisiko wird in diesem Zusammenhang zwar nicht erwähnt, ist aber mit gemeint. Schließlich ist Reputation als wichtiger institutioneller Unternehmenswert die Aufsummierung der in der Richtlinie und ergänzend im Rechnungslegungsstandard DRS 20 vorgegebenen nichtfinanziellen Leistungsindikatoren. Als eigenständige Risikoart wird das Reputationsrisiko vereinzelt innerhalb des Risikoberichts im Lagebericht erwähnt. Bestenfalls einzelne Unternehmen weisen auf wesentliche nichtfinanzielle Risiken hin.

Reputationsindex
Wie kein zweites der analysierten Unternehmen rückt **EnBW** die Unternehmensreputation in die Mitte der nichtfinanziellen Berichterstattung. Reputation wird als wichtiger Faktor bei allen bedeutsamen Entscheidungen des Unternehmens charakterisiert (EnBW, 2017: 69). Gemessen wird Reputation anhand der Top-Leistungskennzahl „Reputationsindex". Hierfür wurden im Verlauf des Geschäftsjahres 5000 Personen aus unterschiedlichen Stakeholder-Gruppen (Kunden, breite Öffentlichkeit, Industrieunternehmen, Meinungsführer, Investoren)

durch ein externes Marktforschungsinstitut befragt. Gewonnen wurden Ergebnisse zur Unterscheidungskraft, zur Bewertung der Kompetenz und zur emotionalen Einstellung gegenüber der Marke EnBW. Diese werden im Reputationsindex zusammengeführt.

Prognosewerte
Im Geschäftsjahr 2017 stieg dieser Index um 4 % auf 52,1 % und erreichte den vorgegebenen Prognosewert. Diese Prozentzahl wird an gleicher Stelle per Kommentar beeindruckend realistisch eingeordnet. Sie liegt nach Einschätzung des Unternehmens (nur) auf mittlerem Niveau, „unterhalb von Stadtwerken, aber deutlich über den Werten großer Vergleichsunternehmen“ (ebd.). Zur Erklärung der leichten Verbesserung wird die 2016 gestartete und im Berichtszeitraum fortgesetzte Imagekampagne genannt. Diese soll auch im Folgejahr fortgesetzt werden. Zudem soll das Reputationsmanagement weiter ausgebaut werden. Ein Stakeholder-Team hat seine Arbeit schon begonnen. In der Prognose für 2018 wird eine Steigerung auf 52,7 % als Ziel ausgegeben (ebd.: 89).

Verhaltensgrundsätze aktualisiert
Die **Commerzbank** stellt auf den Zusammenhang von Reputation und Risikomanagement ab. Im Rahmen seines Reputationsmanagements wurde im Berichtsjahr eine interne Kommunikationskampagne für eine „Kultur der Integrität“ eingeführt (Commerzbank, 2017a: 86). Aus grundlegenden Unternehmenswerten wurden die abgeleiteten Verhaltensgrundsätze aktualisiert. Sie sollen als Mindeststandards dienen, um integres Verhalten der Bank konkret zu steuern. Die Grundsätze wurden aktuell um weitere anschauliche Praxisbeispiele ergänzt.

Reputationsmanagement
Das Risikomanagement der Bank hebt sichtlich auf die Sicherung und Gestaltung der Reputation ab. Erklärtes Ziel ist es, den „guten Ruf der Commerzbank als bedeutenden Teil ihres Unternehmenswertes zu schützen und zu stärken“ (ebd.: 131). Originäre Reputationsrisiken werden in diesem Fall über einen qualitativen Ansatz gesteuert. Geschäfte, Produkte und Kundenbeziehungen werden dabei in einer fünfpoligen Skala hinsichtlich ökologischer, ethischer oder sozialer Risiken bewertet. Ergebnisse der aktuellen Bewertung wurden nicht ausgewiesen, sondern nur beispielhaft benannt. Jene und auch neu aufkommende kritische Themen werden vom Reputationsrisikomanagement identifiziert und analysiert. Über die internen Prozesse hinaus wird noch der regelmäßige Austausch mit relevanten externen Stakeholdern über ökologische Fragen hervorgehoben, namentlich mit Nichtregierungsorganisationen (ebd.: 44).

Definition Reputationsrisiko

Einen ähnlichen Ansatz wie die Commerzbank verfolgt auch die **Allianz**. Reputationsrisiko zählt bei ihr zu den drei wesentlichen Feldern des Risikomanagements, neben dem Strategie- und dem Liquiditätsrisiko (Allianz, 2017a: 71). Besonderes Augenmerk gilt Anstrengungen zum Schutz der Unternehmensmarke (ebd.: 66). Reputationsrisiko definiert der Versicherungskonzern als „das Risiko eines unerwarteten Rückgangs des Kurses der Allianz SE Aktie, des Werts des aktuellen Bestandsgeschäfts oder des Werts des künftigen Geschäftsvolumens, und zwar als Folge des Ansehensverlustes der Allianz durch die Beurteilung externer Stakeholder“ (ebd.: 72).

Beachtung sensibler Geschäftsfelder

Als besondere Wahrnehmungsdimensionen der Stakeholder werden aufgezählt: Produktqualität, Corporate Governance, Finanzergebnis, Kundenservice, Mitarbeiterführung, geistiges Eigentum, Soziale Verantwortung. Sensible Geschäftsfelder wie diese werden in einer konzerneigenen Methodik und unter Beteiligung verschiedener Funktionen wie Kommunikation, Compliance, CSR u. a. in einem zentralen System „Group Risk“ bearbeitet. Auf dieser Grundlage entscheidet die Geschäftsleitung in einem jährlich „Risk Assessment“ über die jeweilige Risikomanagement-Strategie insgesamt sowie über Einzelmaßnahmen (ebd.). Das umfassende Risikomanagementsystem des Konzerns arbeitet mit vielfältigen internen Berichten, Stresstests und Szenario-Analysen (ebd.: 65).

Unternehmenskultur

Die **Deutsche Bank** setzt im Berichtszeitraum 2017 prominent auf die Stärkung der Unternehmenskultur (Deutsche Bank 2017b: 38). Der Vorstand hat hier vier Leitprinzipien ausgegeben. Diese zielen

1. auf das Führungsverhalten und die Kommunikation des Vorstands,
2. auf motivierende und zielorientierte Führungskräfte,
3. auf inspirierte und leistungsstarke Mitarbeiter, die durch die Personalarbeit stark unterstützt werden,
4. auf eine verantwortungsbewusst-nachhaltige Geschäftspraxis mit Kontrollen der Risiken.

Einrichtung eines Dashboards

Es wird eingeräumt, dass Fragen der Unternehmenskultur schwer quantifizierbar und schwierig zu messen sind. Dennoch will man wissen, wie man in diesem Feld vorankommt. Zu diesem Zweck wurde ein Dashboard entwickelt, mit dem offensichtlich Zahlen visualisiert werden. In dieses Dashboard fließen unterschiedliche Messgrößen ein. Zum einen sind dies qualitative Daten aus Datenquellen der Bank, die auf Wahrnehmungen abzielen, zum Beispiel Mitarbeiterbefragungen. Zum anderen gehen quantitative Daten ein, die aus den verschiedenen Funktionsbereichen wie Compliance u. a. kommen (ebd.). Nähere Angaben zur Methodik und den Inhalten der gewonnenen Erkenntnisse werden nicht abgebildet.

Edelman-Vertrauensbarometer

Die Deutsche Bank setzt im Kontext der Unternehmensreputation auf externe Kennziffern. Sie zitiert namentlich das jährlich erhobene Edelman-Vertrauensbarometer (Deutsche Bank 20167: 09). Hierbei kann sie allerdings nur auf Branchenwerte verweisen (Finanzsektor).

Markenwerte im Mittelpunkt

Die **Deutsche Post DHL** setzt auf ihren Markenwert und zieht zur Ermittlung ihrer Marktstellung ebenfalls externe Indikatoren heran, namentlich die prominenten jährlichen internationalen Rankings von Interbrand und Milward Brown und das nationale Label Brand Finance (Deutsche Post DHL, 2017: 73). Die errechneten Markenwerte und die jeweilige Position in den Rankings werden genannt. Bei den wertvollsten Marken der Welt, ermittelt von Interbrand, verbesserte sich die Post DHL im Berichtszeitraum um drei Positionen und liegt nun auf Rang 77. Der Markenwert der Deutsche Post DHL dort wird in diesem Ranking aktuell mit 5,4 Mrd. US-Dollar errechnet.

Krisenmanagement, Krisenkommunikation

Linde geht im Lagebericht ganz allgemein auf ihre gute Unternehmensreputation ein, als notwendige Voraussetzung ihrer Wachstumsstrategie (Linde, 2017: 87). Das Unternehmen arbeitet nach eigenen Angaben mit Standards zum Krisenmanagement und zur Krisenkommunikation, um auf diese Weise dem Risiko von Reputationsverlusten durch Management-Fehler oder unzureichende Kommunikation womöglich relevanter Ereignisse rechtzeitig vorzubeugen. Die erwähnten Standards, vermutlich Prozesse, werden allerdings nicht näher beschrieben.

Risikometriken

Erheblich genauer berichtet die **Deutsche Börse**. Der Börsenbetreiber verwendet zur Quantifizierung der wichtigsten betriebsinternen Risiken „Risikometriken" (Deutsche Börse, 2017: 94). In den Risikometriken werden zunächst Limits festgelegt.

Werden Limits überschritten, gibt es Signale im Sinne eines Frühwarnsystems, mit umgehenden Prozessen zur Minderung des Risikos.

Einsatz von Risk Maps

Linde setzt im Rahmen ihres Risikomanagements auf eine langfristige Vorgehensweise (Linde 2017), welche Risiken in den Blick nimmt, die über einen längeren Zeitraum (fünf Jahre) wirken könnten. Sogenannte „Risk Maps" kategorisieren diese Risiken nach Eintrittswahrscheinlichkeit und nach dem zu erwartenden finanziellen Schaden. Näher präzisiert wird dies inhaltlich nicht. Es werden nur die Großbereiche benannt, die für das Unternehmen grundsätzlich risikobehaftet sind und daher genau beobachtet werden, nämlich regulatorische Anforderungen, Risiken fürs Kerngeschäft, IT- und Informationssicherheit.

Eigendefinition Reputationsrisiko

Ausführlicher und pointierter gehen naturgemäß Bankinstitute wie die **HypoVereinsbank** auf diesen Zusammenhang ein. Der Prozess zur Klassifizierung von Risiken wird im Jahresbericht 2017 des Finanzinstituts präzise erklärt. Das beginnt mit einer Definition, was Reputationsrisiko aus Sicht der Bank bedeutet: Reputationsrisiko wird definiert „als Risiko negativer Auswirkungen auf die Gewinn- und Verlustrechnung, hervorgerufen durch unerwünschte Reaktionen von Interessengruppen (*Stakeholder* [Hervorhebung durch HypoVereinsbank]) aufgrund einer veränderten Wahrnehmung der Bank. Diese veränderte Wahrnehmung kann ausgelöst sein durch ein Primärrisiko wie Kreditrisiko, Marktrisiko, operationelles Risiko, Liquiditätsrisiko, Geschäftsrisiko, strategisches Risiko oder andere Primärrisiken" (HypoVereinsbank, 2017: 68). Eine in dieser Präzision vergleichbare und inhaltlich analoge Definition war lediglich in einem zweiten Bericht präsent, dem der Munich Re (Munich Re, 2017b: 74).

Ganzheitlicher Ansatz

Dann wird innerhalb des Risikoberichts der HypoVereinsbank dieser Prozess auffällig genau präzisiert. Angestrebt wird ein ganzheitlicher Ansatz, in dessen Rahmen alle neuen Aktivitäten und Geschäftsvorgänge der Bank hinsichtlich ihrer möglichen Auswirkungen auf das Reputationsrisiko geprüft werden. Dies wird als „Change-the-Bank-Ansatz" geradezu gebranded. Parallel dazu werden nach Angaben der Bank regelmäßig alle Einzelbereiche hinsichtlich des Eintritts möglicher Reputationsrisiken geprüft („Run-the-Bank"-Ansatz).

Ampellogik
Im ersten Ansatz entscheidet das „Reputational Risk Council" über die Risikorelevanz, nachdem zuvor interne Spezialistenabteilungen das jeweilige Risiko bewertet haben (ebd.). Im zweiten Ansatz erfolgt die Risikoeinschätzung mit einer „Ampellogik" nach einem dreistufigen System (ebd.: 69). Zunächst werden die diversen Risiken in zwei unterschiedlichen Ebenen ermittelt. Der Prozess beginnt mit Assessments von Risikoverantwortlichen gemeinsam mit den übergreifend verantwortlichen Risikomanagern der Bank, mithilfe eines standardisierten Fragenkatalogs.

Einschätzung des Gesamtrisikos
Im Anschluss wird das Seniormanagement nach Reputationsrisiken befragt. In diesem Abschnitt können auch schon Gegenmaßnahmen festgelegt werden. Am Ende des Prozesses wird das Gesamtrisiko über zwei Dimensionen eingeschätzt, nämlich a) den Einfluss auf die Gewinn- und Verlustrechnung und b) die Eintrittswahrscheinlichkeit.

Träger der Gesamtverantwortung
Die Gesamtverantwortung ist klar positioniert. Sie liegt bei einer Einheit mit dem Namen „OpRisk Control". Diese konsolidiert die Ergebnisse der Senior Management-Interviews aus den verschiedenen Geschäfts- und Zentralbereichen. Zudem erstellt sie einen Risikobericht mit den größten Reputationsrisiken der Bank (ebd.).

Reputational Risk Committee
Analog arbeitet **Munich Re**, wo ebenfalls ein eigenständiges Gremium agiert. Das „Reputational Risk Committee" (RRC) beurteilt potenzielle Reputationsrisiken, die zuvor mittels qualitativer Verfahren identifiziert wurden (Munich Re, 2017a: 3–4). Den Kriterien Eintrittswahrscheinlichkeit und Schwere gilt besonderes Augenmerk. Im internen Risikobericht werden die wichtigsten Reputationsrisiken „regelmäßig" erläutert. Die genaue Frequenz wird nicht genannt.

„Governance, Risk & Compliance"-Policy
Der Vorstand des Unternehmens **Continental** hat im Berichtszeitraum eine „Governance, Risk & Compliance"-Policy verabschiedet und als wesentlichen neuen Baustein des Risikomanagementsystems integriert (Continental, 2017a: 99). Identifikation, Bewertung, Berichterstattung und Dokumentation von Risiken seien nun geregelt. Als vorrangige Ziele des Prozesses werden die Erhöhung des konzernweiten Risikobewusstseins und die Schaffung einer einheitlichen Risikokultur genannt.

Abgeschlossen wird die Passage mit einer allgemeinen Nennung der Berichtsstruktur von der Geschäftsbereich-Managementebene bis zum Vorstand. Inhaltliche Angaben zu den Risiken und Fragen einer Priorisierung fehlen.

Themenfelder Umwelt, Gesellschaft und Governance
Über ein internes Programm zur Ermittlung von Chancen und Risiken im nichtfinanziellen Bereich verfügt gleichfalls **BASF** (BASF, 2017: 112). Dabei befassen sich die einzelnen Funktionsbereiche mit den drei Themenfeldern Umwelt, Gesellschaft und Governance. Die Risiken werden nach Ausmaß und Eintrittswahrscheinlichkeit beurteilt. Näheres zum Programm wird nicht berichtet.

Vieles bleibt im Vagen
Andere Berichte wie beispielsweise der von **Daimler** bleiben in diesem Kontext sehr viel mehr im Vagen. Hier wird lediglich sehr allgemein formuliert, dass alljährlich alle Geschäftseinheiten analysiert und evaluiert werden: „Basis für die Analyse sind zentral zusammengeführte Informationen zu allen Geschäftseinheiten, die je nach Risikoeinschätzung um weitere, individuell erhobene Details ergänzt werden“ (Daimler, 2017: 229). Die Ergebnisse der Analyse würden als Grundlage der Risikosteuerung gelten.

Kundenzufriedenheit

Ergänzende Aufnahme
Die handelsrechtlichen Anforderungen geben fünf nichtfinanzielle Mindestaspekte vor. Kundenbelange sind hierin nicht erwähnt. Allerdings wurden Kundenbelange im aktuellen Rechnungslegungsstandard 20 (DRS 20) ergänzend berichtspflichtig aufgenommen. Entsprechend häufig wird von der Mehrheit der Unternehmen darüber berichtet. Im Fokus steht vor allem die Kundenzufriedenheit. Diesen Indikator hätte man gewiss auch im Vorkapitel dieses Beitrags thematisieren können. Wegen der Häufigkeit der Nennung wurde jedoch ein eigenes Unterkapitel vorgezogen.

Messinstrument
Genannt wird der Faktor in den meisten Berichten. Im Grad der Genauigkeit, der Ausführlichkeit und der Frage der Quantifizierbarkeit und Messbarkeit, mit dem auf diesen psychologischen Faktor eingegangen wird, unterscheiden sich die einzelnen Unternehmensberichte hingegen. Obwohl auch bezüglich Kundenzufriedenheit kein Standard vorliegt, bevorzugen viele Unternehmen für eine methodische Messung der Kundenzufriedenheit inzwischen den Net Promoter Score (NPS).

Kritiker, Neutrale, Passive

adidas setzt auf den Indikator „Net Promotor Score" (NPS), mittels dessen die Bereitschaft zur Weiterempfehlungswahrscheinlichkeit einer Marke aus Kundensicht ermittelt wird. Dieser wird in verschiedenen Branchen eingesetzt. Er konzentriert sich auf eine einzige Frage: „Wie wahrscheinlich ist es, dass Sie diese Marke Ihren Freunden weiterempfehlen?" (adidas, 2017: 250).

Im Geschäftsbericht wird die Methode dann genauer beschrieben (ebd.: 113): Kunden, die auf einer Skala von eins bis zehn die beiden höchsten Punktzahlen vergeben, werden als Promotors („Fürsprecher") eingestuft. Kunden, die lediglich ein bis sechs Punkte vergeben, sind „Distractors" (Kritiker). Wertungen mit 7 oder 8 Punkten gelten als Neutrale oder Passive und werden nicht berücksichtigt. Der NPS ergibt sich dann aus der Differenz der Anteile von Fürsprechern und Kritikern. Die Bandbreite des Scores geht von −100 bis + 100. adidas verwendet verschiedene Systeme, um seine Marken zu messen, gibt dem NPS jedoch einen zentralen Stellenwert bei der „Transformation unseres Unternehmens in eine konsumentenfokussierte Organisation" (ebd.: 113).

Auch das Ergebnis wird berichtet

SAP verwendet den NSP seit 2012 (SAP, 2017: 83–84), geht jedoch weiter, berichtet nicht nur die Methode ausführlich, sondern darüber hinaus auch das Ergebnis im Lagebericht (ebd.: 79). Im Berichtszeitraum wurde ein positiver NPS von + 17 ermittelt, das gesetzte Ziel von + 25 wurde allerdings verfehlt. Auch wird eine klare zukünftige Zielsetzung vermittelt. Für den kommenden Berichtszeitraum wurde ein Score von 21–23 % angestrebt, mittelfristig bis 2020 sogar ein Wert von 35 bis 40 %.

Dreifacher Einsatz des NPS

Auf die gleiche Kennziffer des NPS setzt **E.ON**, wendet diesen Indikator aber sogar dreifach an (E.ON, 2017: 17–18):

1. Der strategische, der sog. Top down NPS vergleicht die Leistung des Konzerns mit den Wettbewerbern und basiert auf Kunden-Feedback, unabhängig, ob sie zuvor mit E.ON interagiert haben oder nicht.
2. Der Bottom-up NPS basiert ausschließlich auf Feedback von Kunden, die zuvor eine direkte Interaktion mit dem Unternehmen hatten.
3. Der sog. Journey NPS misst das Feedback von Kunden, die zuvor besonders intensiven Kontakt hatten.

Alle drei Monate wird die NPS-Entwicklung analysiert. Diese drei NPS-Leistungen wurden außerdem in die Personalarbeit integriert. Seit 2014 hängt ein Teil der variablen Vergütung der Führungskräfte an der Leistung in diesem Zusammenhang. Dieser Vergütungsanteil steigt stetig an. Im Berichtszeitraum machte er 20 % der Führungskräfte-Vergütung aus. In einzelnen Unternehmensbereichen läuft seit 2009 ein internes NPS-Programm, um den Mitarbeitern die zunehmende Bedeutung des Faktors Kundenzufriedenheit für den Unternehmenserfolg besser vermitteln zu können.

„Bottom up"-NPS

Der Versicherungskonzern **Allianz** setzt auf den konzernweit einheitlichen „Bottom up"-NPS, mit dem regelmäßig gefragt und gemessen wird, wie zufrieden Kunden mit einer direkten Interaktion waren (Allianz, 2017a: 97).

Sofortiger Follow up mit vorbereiteten Prozessschritten

Siemens setzt ebenfalls auf den NPS, stellt ihn mit gleicher Ausführlichkeit vor wie etwa adidas. Die Befragung erfolgt weltweit und jährlich. Auffällig ist der Unterschied in der Betonung eines zwingenden, sofortigen Follow up mit vorbereiteten Prozessschritten (Siemens, 2017: 13), und zwar unabhängig davon, wie der Score ausfällt. Ist dieser z. B. extrem negativ, muss bei Siemens sofort gehandelt werden. Es kommen dann konkrete Maßnahmen zum Zuge. Der NPS basierte im Berichtszeitraum auf 27.000 Kundenbefragungen in 114 Ländern und ist gegenüber dem Vorjahr gestiegen. Im Strategieprogramm „Vision 2020" wurde als Ziel eine mindestens 20 % Verbesserung im Vergleich zum Ausgangswert 2014 ausgegeben.

Als nächstes Ziel nennt der Geschäftsbericht an gleicher Stelle (ebd.: 13) die Neuausrichtung des Customer Relationship Management. Die „Customer Journey" müsse in das Zentrum des Denkens und Handelns von Siemens treten. Die Customer Journey wird dabei definiert als „Summe der Erlebnisse eines Kunden im Kontakt mit einem Unternehmen und seiner (seinen) Marken(n)" (ebd.).

Keine Hinweise auf Ergebnisse

Wie die Mehrheit der Unternehmen setzt auch **Volkswagen** auf den Net Promotor Score (Volkswagen, 2017: 53), im aktuellen Bericht gibt es allerdings keinen Hinweis auf das Ergebnis. Das gilt gleichfalls für die im Kundenzusammenhang genannten, weiteren Indikatoren wie Eroberungsrate, Loyalität, Kundenzufriedenheit.

TRI*M-Methodik

Die **Telekom** nützt einen anderen, weltweit eingesetzten Standard zur Messung der Kundenbindung und Kundenzufriedenheit, die „TRI*M-Methodik", die gleichfalls mit systematischen Befragungen arbeitet (Telekom, 2017: 41–42). Der aktuelle Wert liegt im Berichtszeitraum bei 68,6 %. Er wird tabellarisch in einem 5-Jahreszeitraum dargestellt. Wie hoch der Stellenwert dieser Kennziffer im Konzern ist, zeigt, dass sie als eine von vier Kennziffern für die variable Vergütung der Konzernvorstände eingesetzt wird. Auch für die Vergütung von Führungskräften wird die Kennziffer eingesetzt, wobei hier ein abweichender Bewertungszeitraum von vier Jahren zugrunde gelegt wird.

„Zufriedenheitstracking"
Die **Lufthansa** ist bei den Unternehmen, die auf eigene Lösungen setzen und bei der Intensität, mit der die Kundenzufriedenheit gemessen wird, wohl ganz vorn. Die drei konzerneigenen Fluglinien Lufthansa, SWISS und Austrian Airlines erheben Kundenzufriedenheit methodisch mittels eines „Zufriedenheitstracking". Es basiert auf täglichen Online-Befragungen der Passagiere (Lufthansa, 2017a: 84). Die verantwortlichen Fachabteilungen und das Management erhalten monatliche Berichte.

„Customer Satisfaction Index"
Für den Wohnungsbaukonzern **Vonovia** ist die Kundenzufriedenheit ebenfalls zentrale Steuerungskennzahl. Hier heißt sie „Customer Satisfaction Index" (CSI) (Vonovia, 2017: 39). Dieser wird über systematische Kundenbefragungen durch einen externen Dienstleister ermittelt. Dabei werden zum einen übergeordnete Aspekte erfragt wie Image, Loyalität und Gesamtzufriedenheit.

Weitere Feedbacks und Kennziffern
Darüber hinaus sind themenbezogene Feedbacks herangezogen, zum Beispiel zu Kundenbetreuung, Instandhaltungs- und Modernisierungsmaßnahmen. Weitere Kennziffern gehen aus dem operativen Geschäft in die Ermittlung der zentralen Kategorie Kundenzufriedenheit ein: Leerstandsquote, Mieterfluktuation, direkte Rückmeldungen der Mieter aus dem Tagesgeschäft. Dies alles fließt in den CSI-Index ein. Im Berichtszeitraum hat er sich um zwei Prozentpunkte verbessert, seit seiner Einführung 2012 damit insgesamt um ein Drittel.

Kundenzufriedenheitsindex
Für die beiden Kernmarken **EnBW** und **Yello** wird mit der Kennzahl „Zufriedenheitsindex" gearbeitet (EnBW, 2017: 28). Diese Kennzahl ist das Ergebnis einer Betrachtung der Zufriedenheit der privaten Stromkunden im Jahresdurchschnitt. Die hier berichteten Zahlen (ebd.) werden nicht in vergleichbarer Weise kommentiert und eingeordnet, wie es das Unternehmen beispielsweise beim Reputationsindex leistet.

Durchführung einer Online-Befragung

Der Automobilkonzern **Daimler** hat einen spezifischen Akzent in den Investor Relations gesetzt. Dort wurde im Berichtszeitraum ein ausgeprägter eigenständiger Internetauftritt mit vielen Elementen weiterentwickelt (Daimler, 2017: 81). Eine anschließende repräsentative Online-Befragung wies eine hohe Nutzerzufriedenheit aus. Nähere Angaben zur Methode und dem inhaltlichen Gehalt der Befragung werden nicht gegeben. Betont wird allerdings, dass sich deutliche Erkenntnisse zur Nutzerstruktur, zu den spezifischen Informationsbedürfnissen und zu weiteren Verbesserungspotenzialen ergeben haben (ebd.: 81).

Einsatz von externen Marktforschungsinstituten

Für die **Deutsche Bahn** ist die Kundenzufriedenheit zentraler nichtfinanzieller Indikator. Sie misst ihn ganz umfassend mithilfe diverser externer Marktforschungsinstitute (Deutsche Bahn, 2017: 26). Der Geschäftsbericht beschreibt für sechs wichtige Geschäftsbereiche sehr präzise Art und Vorgehensweise der jeweiligen jährlichen Messung. Zur transparenten Wirkung dieser vorbildlichen Berichterstattung trägt bei, dass die erzielten Ergebnisse jeweils differenziert bewertet werden – und zwar ganz unterschiedlich: neutral zu Vorjahr beim Fernverkehr, rückläufig bei Regio, gutes Niveau bei DB UK Bus und Trains, Verbesserung bei Cargo, Verbesserung bei Schenker, stabil bei DB Netze. Faktoren, die im Berichtsjahr zu den Ergebnissen geführt haben könnten, werden knapp aufgezählt.

Patientenzufriedenheit

Fresenius Vramed erfasst in seinen Helios-Kliniken die Kategorie „Patientenzufriedenheit" in laufenden und strukturierten Prozessen (Fresenius Vramed, 2017: 77). Seit 2009 werden Patienten mithilfe standardisierter Fragebögen nach ihren Erfahrungen während eines Klinikaufenthalts befragt. Die Daten werden hinterher von einem externen Dienstleister ausgewertet. Gefragt wird dabei nicht nur nach dem medizinischen Ergebnis, sondern auch nach der Zufriedenheit bei Betreuung und Pflege. Die Ergebnisse werden in der Unternehmenszentrale ausgewertet. Seit 2018 führen Helios-Mitarbeiter zusätzlich einmal pro Woche Interviews mit stationär aufgenommenen Patienten. Die anonymisierten Daten werden elektronisch erfasst und können dann lokal ausgewertet werden. Ziel ist es, dass die Mitarbeiter vor Ort das Patienten-Feedback zeitnah analysieren und mögliche Verbesserungen ohne Zeitverzug einleiten können.

Forschungsallianzen

Einen interessanten eigenständigen Akzent setzt **Evotec**, das zwei nichtfinanzielle Leistungsindikatoren als wichtig nennt. Neben der Kundenzufriedenheit versucht das Unternehmen, seine Performance in Forschungsallianzen zu messen (Evotec, 2017: 32). Hintergrund ist: das Unternehmen generiert einen Großteil seiner Umsätze aus Forschungsallianzen mit Pharma- und Biotechnologieunternehmen, gemeinnützigen Organisationen und Stiftungen. Als Bemessungsfaktoren für beide Indikatoren benennt Evotec: die Anzahl, das Wachstum und den Umfang von Allianzen, die Anzahl an Stammkunden, die durchschnittliche Vertragsdauer, die Neukundengewinnung, den jeweiligen Status des Auftragsbuches.

Deutsche Bank, Postbank, Deutsche Asset Management

Kundenumfragen

Die **Deutsche Bank** setzt auf verschiedene eigene Instrumente, um die Kundenzufriedenheit zu messen. Für den prominenten Geschäftsbereich der Unternehmens- und Investmentbank werden zwei namentlich genannt. Hierbei ragt im Berichtszeitraum eine umfassende Kundenumfrage hervor: „Voice of he Client" (Deutsche Bank, 2017: 18). Dabei gaben seit 2015 insgesamt 2100 Entscheidungsträger und Dienstleistungsempfänger detaillierte Rückmeldungen. Diese Einheit deckt 80 % des Geschäfts mit Unternehmenskunden ab. Im Berichtszeitraum wurden aus diesen Rückmeldungen insgesamt 4600 Maßnahmen abgeleitet. Gemessen wird die Zufriedenheit mit einer fünfpoligen Skala.

Gegenüber institutionellen Kunden werden unverbindliche Umfragen, sog. „Broker Reviews", eingesetzt, ein- bis zweimal pro Jahr (ebd.).

Kundenzufriedenheitsumfrage

Im Privat- und Firmenkundengeschäft wurde im Berichtszeitraum ebenfalls auf eine Kundenzufriedenheitsumfrage gesetzt (ebd.). An dieser nahmen knapp 260.000 Kunden teil (ca. 3 % der Gesamtkundschaft). Exakte Werte werden nicht genannt, aber konzediert, dass eine zuvor jahrelange Steigerung sich im Berichtszeitraum nicht fortgesetzt habe. Neben dieser zentralen Kundenumfrage gibt es monatliche Informationen zur Kundenzufriedenheit in den Filialen, die an das Management weitergegeben werden.

Die **Postbank** prüft Kundenzufriedenheit vierteljährlich. Die Werte werden nicht exakt genannt, aber auf Vorjahresniveau eingeschätzt (ebd.).

Weitere Umfrage-Tools werden für das **Deutsche Asset Management** aufgeführt (ebd.: 20). Das Wealth Management setzt einen weiteren Leistungsindikator ein. Mit dem „Key Risk Indicator" (KRI) werden Kundenreklamationen gemessen, die sich auf mangelnde Eignung von Geräten oder ungeeignete Beratung beziehen (ebd.: 22). Hier wird gleichfalls keine absolute Zahl genannt, aber ein positiver Trend im Vorjahresvergleich reklamiert, konkret: eine gesunkene Zahl an Beschwerden.

Externe Rankings
Die **Commerzbank** setzt bei der Kundenzufriedenheit auf externe Rankings. Das Ziel sind Top-Platzierungen in relevanten, unabhängigen Rankings bei den Themen Kundenzufriedenheit und Beratungsqualität (Commerzbank, 2017b: 35).

Mitarbeiterkommunikation, Personalarbeit und Arbeitgeberattraktivität

Spannende Eigenakzente
Breiten Raum in der nichtfinanziellen Berichterstattung nehmen die Themenfelder Mitarbeiterkommunikation, Personalarbeit und Arbeitgeber-Attraktivität ein. Es kristallisieren sich ähnliche Muster heraus, im Detail aber auch spannende Eigenakzente der berichtenden Unternehmen. Generell ist die Arbeitgeberattraktivität ein prominentes Thema. In manchen Geschäftsberichten wird es allerdings nur als Ziel positioniert, statt es zu messen. Insgesamt sind Mitarbeiterbefragungen seit vielen Jahren gang und gäbe und insgesamt in der Unternehmenswelt auch gut elaboriert. Insofern lohnt sich vor allem ein Blick darauf, wie im Einzelnen mit den daraus gewonnenen Erkenntnissen umgegangen wird.

Nur wenige Aktivitäten
Thyssenkrupp berichtet im Personalbericht lediglich per Nennung von wenigen und sehr allgemeinen Aktivitäten zur Zielerreichung wie Managemententwicklung, Karriereperspektiven, Anreizsysteme, Kontakt zu Schwerpunktuniversitäten etc. (thyssenkrupp, 2017: 117). Das bleibt vage, im Unterschied zu den doch deutlich ausführlicher erläuterten, neuen Systemen und Strategien in der Personalarbeit (ebd.: 90).

Führungskräfte-Feedbacks
Infineon setzt einen starken Akzent in der Mitarbeiter- und Führungskräftekommunikation. Das Unternehmen berichtet hierüber im Zusammenhang mit den zentralen Unternehmenswerten (Infineon Technologies, 2017: 62). Diese acht Werte sind gewünschte Verhaltensbeschreibungen (u. a. „Ambitioniert sein und Risiken managen“, „Durch Innovationen Wert schaffen“, „Sich um seine Talente kümmern“). Sie werden in einem Modell „High Performance Behavior Modell“ visualisiert und zur Grundlage der jährlichen Mitarbeitergespräche gemacht.

Umgekehrt werden alle zwei Jahre Führungskräfte-Gespräche angesetzt, in denen diese Führungskräfte Feedback von fünf oder mehr Mitarbeitern zur Umsetzung der Unternehmenswerte erhalten. Ergänzt wird diese Regelkommunikation durch Instrumente der Mitarbeiterbefragungen in Fachbereichen und Feedbackkommunikation bei Abschluss von Projekten.

Darüber hinaus hebt Infineon seine Beteiligung an der „Great Place to Work"-Umfrage hervor, die vom gleichnamigen Befragungs- und Beratungsinstitut weltweit angeboten und durchgeführt wird. Hier ist auch explizit eine Kennzahl genannt: nämlich der zuletzt erreichte Wert von 78 % Zustimmung auf die Frage, ob Infineon alles in allem ein sehr guter Arbeitsplatz sei.

BASF setzt gleichfalls auf regelmäßiges Feedback für seine Führungskräfte. Hierfür setzt das Unternehmen das System „Global Leadership Feedback" ein, bei dem eine Führungskraft Verhaltens-Rückmeldungen durch Mitarbeiter, Kunden, Vorgesetzte und Kollegen erhält (BASF, 2017: 44).

Mitarbeiterbefragung alle zwei Jahre

Auch die **Deutsche Bahn** führt ebenfalls alle zwei Jahre eine Mitarbeiterbefragung durch und ermittelt die Mitarbeiterzufriedenheit (Deutsche Bahn, 2017: 34). In den Zwischenjahren wird eine weitere Kennziffer verwendet, nämlich die Durchführungsquote von Folgeworkshops zur Befragung.

Zielvereinbarungen als zentralen Faktor

Das Unternehmen **Heidelberger Druckmaschinen** setzt ebenfalls auf jährliche Mitarbeitergespräche und hebt dabei die Zielvereinbarungen als zentralen Faktor hervor (Heidelberger Druckmaschinen, 2017: 39). Das gelte gleichermaßen für Führungskräfte. Zur Bewertung von deren Beitrag zum Geschäftserfolg wird ein – methodisch nicht näher beschriebenes – Instrument erwähnt („Performance Leadership Evaluation").

Cockpit Personal

Die **DZ Bank** spricht im Kapitel zum Personal innerhalb des Geschäftsberichts eine ihr wichtige Kennziffer (KPI) an. Dieser „Cockpit Personal" genannte Indikator wurde zur besseren Messbarkeit, Transparenz und Steuerung der Personalarbeit entwickelt (DZ Bank, 2016a, b: 54). Angaben zur Methodik fehlen jedoch.

Externe Arbeitgeberrankings

Die **Deutsche Bahn** nennt die Arbeitgeberattraktivität als einen wichtigen Indikator. Sie misst diesen allerdings nicht selbst, sondern verwendet die Zahlen aus dem Arbeitgeberranking von „Trendence", einem etablierten Institut für Beratungsleistungen zu Employer Branding und Personalarbeit (Deutsche Bahn, 2017: 35).

Auch **adidas** gibt an, für den Erfolg der Personalarbeit verschiedene Leistungsindikatoren zu verwenden, umschreibt diese jedoch mit Messung von Mitarbeitererfahrungen nur sehr vage. Außerdem werden gleichfalls Arbeitgeberrankings als externe Messgröße genutzt. Welche es sind, wird nicht genannt (adidas, 2017: 89).

Breitesten Raum gibt dagegen **ProSiebenSat.1** dem Thema. Gute Platzierung in externen Arbeitgeberrankings zählt hier als wichtige Messgröße für den Erfolg der Personalarbeit (ProSiebenSat.1, 2017: 142). Nach Selbstaussage zählt der Medienkonzern zu den beliebtesten deutschen Arbeitgebern. Eindrucksvoll belegt wird das durch wirklich gute bis sehr gute Platzierungen in insgesamt sechs externen Rankings (u. a. Focus Money, Universum, Trendence, Kununu).

Akzent auf der Weiterbildung

Pfeiffer Vakuum setzt einen besonderen Akzent in der Personalarbeit und dort namentlich in der Weiterbildung (Pfeiffer Vakuum, 2017: 10). Dort wurde im Berichtsjahr eine global einheitliche, digitale Lernplattform für alle Mitarbeiter etabliert, mit Auswertungsmöglichkeiten für deren jeweilige Weiterbildungshistorie. Diese Plattform solle eine gezieltere individuelle Förderung genauso ermöglichen wie das schnelle Erkennen sowie Schließen von Wissenslücken bei neu eingestellten Mitarbeitern. Das System wurde bereits 2017 konzernweit genutzt und ermöglicht nun auch E-Learning bzw. Blended-Learning-Konzepte. Bis 2018 soll es flächendeckend im gesamten Unternehmen wirken. Durch standardisierte Evaluationsbögen soll die Bewertung und Erfolgsrate von Weiterbildungsmaßnahmen optimiert werden. Für die Zeit nach Abschluss der konzernweiten Einführung werden weitere Kennzahlen und Zielgrößen für die Unternehmensberichterstattung angekündigt.

Einsatz digitaler Kommunikationsplattformen

Desgleichen hebt **Henkel** im Lagebericht den verstärkten Einsatz von digitalen Kommunikationsplattformen in der Personalarbeit hervor, womit der Informationsaustausch über Abteilungs-, Länder- und Hierarchiegrenzen hinweg verstärkt werden soll (Henkel, 2017: 82). Insbesondere werden die HR-Systeme für Führungskräfte ausgebaut, um diesen zukünftig mobile Optionen für die Übermittlung von Personalinformationen sowie vor allem für das flexiblere und schnellere Eingehen auf die Mitarbeiterbelange zur Verfügung zu stellen.

Über ähnliche Anstrengungen wie Pfeiffer und Henkel berichtet Covestro (Covestro, 2017: 94).

Arbeitergebermarke

Volkswagen arbeitet mit dem Indikator „Arbeitgeberattraktivität". Abgefragt wird dieser mittels eines konzernweiten Stimmungsbarometers. Im Berichtsjahr lag der ermittelte Wert bei 85,2 von 100 möglichen Punkten (Volkswagen, 2017: 151). Als Zielmarke ist das Jahr 2025 angegeben, der genannte Zielwert dort: 89,1. Ein Branchenvergleich zur Einordnung des Wertes erfolgt nicht. Volkswagen verwendet im Kontext der Arbeitgebermarke außer der genannten weitere strategische Kennzahlen wie externe Arbeitgeberattraktivität, externes Arbeitgeberranking, Markenübergreifender Mitarbeiteraustausch, Diversity-Index. Nähere Angaben zur Methodik und den aktuellen Ergebnissen werden an dieser Stelle nicht gemacht (ebd.: 53).

Weltweite Mitarbeiterbefragungen, Mitarbeiterzufriedenheit

Merck betont im Abschnitt „Mitarbeiter" zunächst die 2017 erfolgte, weltweite Anpassung seiner Arbeitgebermarke, im Anschluss an die bereits 2015 neu entwickelte Unternehmensmarke (Merck, 2017: 94). Die vier inhaltlichen Kernbotschaften der neuen Arbeitgebermarke werden genannt.

Das Pharma-Unternehmen betont die Wichtigkeit von Feedback, um aussagekräftige Antworten zum Grad der Mitarbeiterbindung zu erhalten (ebd.). Dazu sind bislang verschiedene Methoden genützt worden. Seit 2016 wird erneut auf weltweite Mitarbeiterbefragungen gesetzt. Die abgeleiteten Ergebnisse und Initiativen wurden im Spätherbst 2017 durch eine erneute globale Befragung überprüft, mit einer Teilnahme von 42.000 Mitarbeitern (84 %). Als Einzelergebnis wird nur ein Wert genannt: die Mitarbeiterverbundenheit. Der Wert von 59 % wird als gleichwertig zu Branchenkonkurrenten bewertet. Tatsächlich wird hier also mit nur einer Kennzahl gearbeitet, deren Zustandekommen und Methodik wird allerdings nicht näher erläutert.

Auch **TUI** hat im Berichtszeitraum auf das gleiche Instrument gesetzt und betont den Zusammenhang zwischen Arbeitgebermarke und Mitarbeiterzufriedenheit (TUI, 2017: 73). Auch hier wird nur ein Einzelergebnis der weltweiten Befragung „TUIgether" hervorgehoben: der Engagement-Index, der die Mitarbeiterverbundenheit misst. Anders als bei Merck, wird die Zahl nicht in einen Branchenvergleich gestellt.

Siemens misst ebenfalls weltweit die Mitarbeiterbindung (Siemens, 2017: 22). In diesem Kontext legt das Unternehmen besonderen Wert auf zwei Kennzahlen: „Führung" und „Vielfalt". Das Strategieprogramm „Vision 2020" hat als Zielvorgabe für beide Bereiche positive Zustimmung im Wert von 75 % benannt. Die Ergebnisse von 2017 weisen Werte von 69 % für Führung und 78 % für Vielfalt aus.

Vergleichbar arbeitet **Allianz**. In den vergangenen Jahren hat sich eine weltweite Mitarbeiterbefragung „Allianz Engagement Survey" (AES) als Plattform etabliert, um das Mitarbeiterengagement zu erfassen (Allianz, 2017b: 63). Dieser AES wird jährlich erhoben und in mehrere Sprachen durchgeführt. Dabei wurden zuletzt 120.000 Mitarbeiter in 60 Unternehmen und 77 Ländern eingeladen. 84 % nahmen im Berichtsraum teil. Als Leistungsindikator wird namentlich der „Inclusive Meritocracy Index“ (IMIX) genützt. Dieser enthält zehn Elemente zur Messung u. a. von Führungsleistungen und Unternehmenskultur (Allianz, 2017a: 7).

SAP arbeitet mit einem Mitarbeiter-Engagement-Index als methodisches Instrumentarium. In ihm werden Ergebnisse aus jährlichen Mitarbeiterbefragungen genutzt (SAP, 2017: 84). Das exakte Ergebnis wird, im Unterschied etwa zu Merck, allerdings nicht genannt. Der Softwarehersteller nennt jedoch in diesem Zusammenhang noch eine weitere Kennzahl, mit der intern gearbeitet wird, den „Leadership Trust Score“. Diese Kennzahl wird gleichfalls aus der Mitarbeiterbefragung gezogen und ermittelt das Vertrauen der Mitarbeiter in ihre Vorgesetzten. Dabei wird die NPS-Methodik angewandt. Ergebnisse werden nicht genannt.

Engagement-Index

Davon hebt sich die **Telekom** deutlich ab. Denn sie nennt Zahlen und weitere Resultate des Engagement-Index als Ergebnis der aktuellen, konzernweiten Mitarbeiterbefragung (Telekom, 2017: 97). Für den Berichtszeitraum liegt die Ziffer hoch, bei 4,1 von maximal 5 (Skala von 1.0 bis 5,0). Bei der Telekom ist der Grad der Mitarbeiterzufriedenheit eine der vier Kennziffern bei der Feststellung der variablen Vergütung der Vorstände (ebd.: 42).

Gleichfalls generiert die **Lufthansa** aus ihrer jährlichen Mitarbeiterbefragung, die unter dem Label „involve me!“ sogar gebranded ist, einen Engagement-Index (Lufthansa, 2017b: 208). Dieser misst die Verbundenheit mit dem Unternehmen, die Einsatzbereitschaft, die Bereitschaft zur Weiterempfehlung auf einer Skala von 1 als Bestwert und 5 als schlechtester Wert. Im Berichtszeitraum wurde ein Wert von 2,3 erreicht. Dieser wird realistisch eingeordnet, als leicht unterdurchschnittlich im Branchenvergleich bewertet. Als Zielmarke werden eine jährliche Steigerung sowie das Erreichen des Branchendurchschnitts bis 2020 genannt.

Eine weitere erhobene Kennzahl ist der „Leadership Index“ LI, mit der die Führungsqualität bewertet wird, gleichfalls aus der Mitarbeiterbefragung generiert. In der gleichen Skalierung lag er bei 2,1 (Lufthansa, 2018: 69).

Gleichfalls generiert die **Deutsche Post DHL** Kennzahlen aus der jährlichen Mitarbeiterbefragung und koppelt die Ergebnisse an Vergütungsthemen. Die Kennzahl „Aktive Führung“ fließt in die Bonusermittlung der Führungskräfte ein (Deutsche Post DHL, 2017: 34). Weitere Umfragen wie der nicht näher beschriebene „Employee Trend Monitor“ werden ergänzend benannt, aber nicht näher erläutert (ebd.: 22).

Pulsbefragung

Zusätzlich setzt der **Telekom**-Konzern auf regelmäßigere, sog. „Pulsbefragungen", mit denen dieselbe Thematik in halbjährlichen Zeitabständen bearbeitet wird (Telekom, 2017: 97). Bei der letzten, im Berichtszeitraum durchgeführten Pulsbefragung ergab sich im November 2017 ein Zufriedenheits-Index von 72 %, bei einer Beteiligungsquote von 71 %. Der Engagement-Index wird aggregiert aus beiden Befragungen, der jährlichen und den halbjährlichen Befragungen (ebd.: 42).

ProSiebenSat.1 hat im Berichtszeitraum ebenfalls Puls-Befragungen eingeführt, um ein zeitnäheres, regelmäßiges Stimmungsbarometer zu erhalten (ProSiebenSat.1, 2017: 116). Mit der Auftaktumfrage wurden Grundsatzfragen gestellt, weitere themenspezifische „Puls Checks" sollen sich anschließen. In diesem Instrument wird dann auch der interne „Net Promotor Score" abgefragt werden, der den Grad der generellen Mitarbeiterzufriedenheit abbilden soll.

Der Energieversorger **EnBW** arbeitet mit der Kennzahl „Mitarbeitercommitmentindex" (MCI) (EnBW, 2017: 28). Im Rahmen der Mitarbeiterbefragung wird der Grad der Verbundenheit zum Unternehmen erfragt. Standardisierte Fragen zielen dabei auf Dimensionen wie Arbeitsverhältnis, Arbeitgeberattraktivität, Identifikation mit dem Unternehmen, Motivationsklima, Wettbewerbsfähigkeit und Zukunftsfähigkeit. Dieser Index wird alle zwei bis drei Jahre im Rahmen der Mitarbeiterbefragung ermittelt. Diese Vollbefragung erfolgte zuletzt 2016. In den Zwischenräumen erfolgen repräsentative Stichprobenbefragungen.

Darüber hinaus wird ein zweiter nichtfinanzieller Leistungsindikator im Themenfeld Mitarbeiter erhoben. Dieser betrifft die Arbeitssicherheit. Mit dem Indikator „Lost Time Injuries" (LTI) wird die Zahl der Unfälle während der Arbeitszeit ermittelt, bei mindestens einem Ausfalltag (ebd.). Der Index zeigt, wie viele negative Ereignisse sich im Rahmen von einer Million Arbeitsstunden ergeben haben.

Datenmanagement in der Personalarbeit

In dem Personalbericht von **TUI** werden zwei Aspekte hervorgehoben. Zum einen verfolgt das Unternehmen einen ganzheitlich und weltweit einheitlichen Prozessablauf, der einer internen Stellenausschreibung grundsätzliche Priorität vor externen Kanälen wie Jobbörsen, Agenturen etc. einräumt. In dem Zusammenhang erhalten Führungskräfte Interviewtrainings, um einheitliche Standards besser zu etablieren (TUI, 2017: 95).

Merck setzt ebenfalls auf Big Data. Mit „People Analytics" stellt die Personalabteilung einen modernen, datengestützten Ansatz mit neuartigen Analysetechniken zur Verfügung, um den Führungskräften eine objektivere Basis für Personalentscheidungen zu ermöglichen (Merck, 2017: 97). Auch dieser Ansatz arbeitet global und integriert Daten, Zahlen und Fakten für das gesamte Unternehmen.

In vergleichbarer Weise setzt **Continental** auf Big Data in der Personalarbeit (Continental, 2017a: 53). Skill-Analysen sollen die spezifischen Fähigkeiten von Mitarbeitern erfassen, womit sowohl Kompetenzen als auch nötiger Schulungsbedarf genauer erfasst werden. 35 % aller IT-Mitarbeiter, Software- und Elektroingenieure sind in diesem Rahmen auf globaler Konzernebene bereits erfasst.

Darüber hinaus setzt das Unternehmen verstärkt auf diagnostische Verfahren, um einen passgenaueren Fit zwischen offenen Stellen und Bewerbern leisten zu können (ebd.: 53, 61).

Unternehmenskultur

Der Medienkonzern **Bertelsmann** benennt die Weiterentwicklung seiner Unternehmenskultur als Priorität in der Personalarbeit (Bertelsmann, 2017: 8). 2017 wurde mit der Überarbeitung der zentralen Unternehmenswerte „Bertelsmann Essentials“ begonnen.

Arbeitsplatzsicherheit

Heidelberg Cement verfolgt bei der nichtfinanziellen Berichterstattung bevorzugt zwei Themenfelder: Arbeitssicherheit und Emissionen (Heidelberg Cement, 2017: 57). Zur Bewertung beider werden mehrere Kennzahlen eingesetzt. Bei der Arbeitsplatzsicherheit sind es drei Leistungsindikatoren: Unfallhäufigkeitsrate, Unfallschwereindikator, Todesfallrate.

Eine zentrale Kennzahl ist für die **Lufthansa** der Gesundheitsindex als Ausweis der Mitarbeitergesundheit (Lufthansa, 2017b: 209). Dieser wurde 2017 erstmals erhoben und ebenfalls aus der Mitarbeiterbefragung „involve me!“ abgeleitet. Diese hatte eine Rücklaufquote von 50 % (Lufthansa, 2018: 69), lag damit deutlich unterhalb der Beteiligungsquote anderer Unternehmen in dieser Studie. Auf einer Skala von 1 (Bestwert) bis zum schlechtesten Wert 5 liegt Lufthansa bei 2,3. Damit liege man exakt in der Benchmark der Länder Deutschland, Österreich, Schweiz. Aus dieser Kennzahl sollen Maßnahmen zum effizienteren Gesundheitsmanagement abgeleitet werden mit den Zielen, die individuelle Gesundheit zu stärken und Fehlzeiten zu verringern.

2.3 Fazit

Bei aller Differenziertheit im Detail stechen doch vier Ergebnisse der Analyse ins Auge, was die Häufigkeit des Vorkommens in der nichtfinanziellen Berichterstattung betrifft. Dies ist einerseits eine Methode, zum anderen sind es drei Kennzahlen.

Eine knappe Hälfte der analysierten Unternehmen arbeitet bereits mit Wesentlichkeits-Analysen zur Darstellung der relevanten Themen. Diese Analysen unterscheiden sich allerdings in der Methodik, in der Frage des Einbezugs und der Intensität des Einbezugs externer Stakeholder ebenso wie in der mehr oder weniger ausführlichen Erläuterung im Bericht. Besonders überzeugend und aussagefähig wirken diejenigen Wesentlichkeits-Analysen, deren Ergebnisse in einer Matrix visualisiert sind, welche die Einordnung der Themen sowohl aus Stakeholder- als auch aus Unternehmens-Perspektive zeigen und deren Themen-Priorisierung mittels einer mehrpoligen Skala deutlich gewichtet sind. In der Kommentierung der Ergebnisse ist in Bezug auf Ausführlichkeit sicher überall noch Luft nach oben. Es wird weiter zu beobachten sein, ob sich hier in naher Zukunft einheitliche Standards herauskristallisieren. Unter den vielen unterschiedlichen Leistungsindikatoren ragen drei Kennzahlen wegen ihrer häufigen Verwendung hervor: der Reputations-Index, der Kundenzufriedenheits-Index und der Mitarbeiterzufriedenheits-Index. Diese werden allerdings auf recht unterschiedliche Weise ermittelt. Hinsichtlich der Kundenzufriedenheit fällt auf, dass mehrfach auf den Net Promotor Score gesetzt wird, der die Weiterempfehlungsbereitschaft der Kunden ermittelt. Es ist vorstellbar, dass diese Kennzahl in Zukunft noch häufiger verwendet wird, da ihre Anwendung im Vergleich zu anderen Verfahren relativ einfach scheint. Überzeugen können insbesondere diejenigen Berichte, die nicht nur das Verwenden der Kennzahlen angeben, sondern dann auch das Ergebnis nicht nur nennen, sondern zugleich die Methode zu ihrer Ermittlung sauber darstellen und dann die jeweiligen Ergebnisse immer im Licht der Prognose/der Vorgabe und im Branchenvergleich kommentieren. Auch hier wird interessant zu beobachten sein, ob sich die Berichte in naher Zukunft im Sinne von Standards angleichen werden.

Quellen

adidas (2017). Geschäftsbericht 2017.
Allianz (2017a). Geschäftsbericht 2017.
Allianz (2017b). HR Fact Book.
BASF (2017). Geschäftsbericht 2017.
Bayer (2017). Geschäftsbericht 2017.
Beiersdorf (2017). Nachhaltigkeitsbericht 2017 Beiersdorf Consumer//tesa.
Bertelsmann (2017). Geschäftsbericht 2017.
BMW (2017a). Nachhaltigkeitsbericht 2017.
BMW (2017b). Geschäftsbericht 2017.
Commerzbank (2017a). Geschäftsbericht 2017.

Commerzbank (2017b). Magazin zur unternehmerischen Verantwortung 2017.
Continental (2017a). Geschäftsbericht 2017.
Continental (2017b). Nichtfinanzieller Bericht 2017.
Covestro (2017). Geschäftsbericht 2017.
Daimler (2017). Geschäftsbericht 2017.
Deutsche Bahn (2017). Geschäftsbericht 2017.
Deutsche Bank (2017). Nichtfinanzieller Bericht 2017.
Deutsche Bank (2016). Geschäftsbericht 2016.
Deutsche Börse (2017). Geschäftsbericht.
Deutsche Post DHL (2017). Geschäftsbericht 2017.
Deutsche Telekom (2017). Geschäftsbericht 2017.
DZ Bank (2016). Geschäftsbericht 2016.
EnBW (2017). Geschäftsbericht 2017.
E.ON (2017). Nachhaltigkeitsbericht 2017.
Evotec (2017). Geschäftsbericht 2017.
Fresenius Medical Care (2017). Geschäftsbericht 2017.
Fresenius Vramed (2017). Geschäftsbericht 2017.
Heidelberg Cement (2017). Geschäftsbericht 2017.
Heidelberger Druckmaschinen (2017). Geschäftsbericht 2017.
Henkel (2017). Geschäftsbericht 2017.
HypoVereinsbank (2017). Geschäftsbericht 2017.
Infineon Technologies (2017). Geschäftsbericht 2017.
K + S (2016). Geschäftsbericht 2016.
Linde (2017). Geschäftsbericht 2017.
Lufthansa (2018). Nachhaltigkeitsbericht Balance 2018.
Lufthansa (2017a). Nachhaltigkeitsbericht Balance 2017.
Lufthansa (2017b). Geschäftsbericht 2017.
Lufthansa (2016). Nachhaltigkeitsbericht Balance 2016.
Merck (2017). Geschäftsbericht 2017.
Munich Re (2017a). Nichtfinanzieller Bericht 2017.
Munich Re (2017b). Geschäftsbericht 2017.
Munich Re (2017c). CSR-Bericht 2017.
Novartis (2017). Geschäftsbericht 2017.
Pfeiffer Vakuum (2017). Geschäftsbericht 2017.
ProSiebenSat.1 (2017). Geschäftsbericht 2017.
PWC (2018). Erstanwendung des CSR-Richtlinie-Umsetzungsgesetzes.
RWE (2017). Unsere Verantwortung 2017 (Nachhaltigkeitsbericht).
RWE (2016). Unsere Verantwortung 2016 (Nachhaltigkeitsbericht).
SAP (2017). Geschäftsbericht 2017.
Siemens (2017). Geschäftsbericht 2017.
thyssenkrupp (2017). Geschäftsbericht 2016/2017.
TUI (2017). Geschäftsbericht 2017.
Voith (2017). Geschäftsbericht 2017.
Volkswagen (2017). Geschäftsbericht 2017.
Vonovia (2017). Geschäftsbericht 2017.

Ermittlung und Messung nichtfinanzieller Leistungsindika9toren innerhalb der Finanzkommunikation – Eine Analyse der Instrumente und Methoden in der Berichterstattung bedeutender DAX-Unternehmen

3

In diesem Beitrag erfahren Sie,

- wie DAX 40-Unternehmehmen die neuen Vorgaben zur nichtfinanziellen Berichterstattung umsetzen,
- welche Leistungsindikatoren für immaterielle Leistungen der Unternehmen herangezogen werden,
- wie diese Leistungen in den wesentlichen Themenfeldern ermittelt, bewertet, gemessen und gemanagt werden.

3.1 Einleitung: Umsetzung der aktuellen gesetzlichen Vorgaben in der Kapitalmarktkommunikation

Zäsur im Jahre 2018

Mit dem Jahr 2018 erlebten wir eine Zäsur in der Kapitalmarktkommunikation. In diesem Jahr mussten große Unternehmen mit mehr als 500 Mitarbeitern erstmals die CSR-Richtline der EU zur Stärkung der nichtfinanziellen Berichterstattung in ihren Lage- und Konzernberichten umsetzen und entsprechende Aspekte berichten, die sich aus ihrer Geschäftstätigkeit ergeben – oder von denen ihre Tätigkeit berührt

Der Beitrag ist erschienen (2022) in: Bentele, G./Piwinger, M./Schönborn, G. (Hrsg.): Kommunikationsmanagement (Losebl. 2001 ff.), Art.-Nr. 3.138.

M. Piwinger and M. Kiefer, *Investor Relations*,
https://doi.org/10.1007/978-3-658-47952-7_3

sein könnte. Seitdem muss die jährliche Berichterstattung der betroffenen Unternehmen deutlich über die klassischen finanzwirtschaftlichen Aspekte hinausreichen (Piwinger, 2021). Die gesellschaftliche Verantwortung der Unternehmen muss seither in verschiedenen, sogenannten „wesentlichen" Dimensionen verpflichtend und jährlich dargestellt werden. Grundlagen für die Unternehmen ist das nun im Handelsgesetzbuch verankerte Gesetz zur Stärkung der nichtfinanziellen Berichterstattung (CSR-Richtlinien-Umsetzungsgesetz vom 11. April 2017) und die entsprechenden Anpassungen. Die dort verlangten Berichtspflichten verlangen nach § 289b und § 289c mindestens Angaben zu Umwelt-, Arbeitnehmer- und Sozialbelangen, zur Achtung der Menschenrechte und zur Bekämpfung von Korruption und Bestechung. Und genau hier beginnen die Schwierigkeiten. Verbindliche Berichtsstandards werden gerade erst entwickelt. Gegenstand unserer hier vorgelegten Studie ist die aktuelle Umsetzung dieser neuen Anforderungen durch große, börsennotierte Unternehmen.

3.2 Forschungsfrage und Methode der Studie

Mit unserer aktuellen Untersuchung knüpfen wir an unsere frühere Studie an, in der wir die damals ersten vorgelegten Berichte ausgewählter Unternehmen verschiedener Größenordnungen analysierten. Wir gaben einen ersten groben Überblick darüber, wie die Vorgaben in der Kapitalmarktkommunikation aufgegriffen, interpretiert und umgesetzt wurden (Piwinger & Kiefer, 2019).

Datenbasis, Stichprobe, Quellen

In unserer aktuellen Studie greifen wir die Berichterstattung der Jahre 2019, 2020 und 2021 auf. Unsere Stichprobe umfasst DAX 40-Unternehmen. Wir haben uns dabei nicht auf ein ganz bestimmtes Berichtsformat beschränkt. Untersuchte Quellen sind die Geschäftsberichte der Unternehmen, die zumeist in integrierter Form vorlagen (Geschäftsbericht plus Nachhaltigkeits-Bericht). Sofern es eigenständige Nachhaltigkeitsberichte gab, sind diese entsprechend herangezogen und in unserer Auswertung zitiert. Ebenfalls wurden gesonderte nichtfinanzielle Berichte und in vereinzelten Fällen auch Personal- bzw. HR-Berichte ausgewertet. Für uns war der jeweilige inhaltliche Kern der Aussagen maßgeblich. Die Frage, wo genau innerhalb der Berichte diese Aussagen platziert sind – beispielsweise innerhalb oder außerhalb des Lageberichts – war für uns nachrangig.

Forschungsgegenstand

Die fast ausnahmslos digital vorliegenden Berichte wurden händisch ausgewertet. Wir forschten nach den unterschiedlichen Parametern und Aussage-Modi, mit denen Positionen in nichtfinanziellen Feldern unternehmensseitig markiert wurden. Dabei stellten sich uns verschiedene Fragen. Welche Indikatoren, Leistungskennzahlen, Tools, Werkzeuge und Instrumente werden von den Unternehmen herangezogen? Welche Mittel werden im Einzelnen benannt, mit denen diese Leistungen auch messbar gemacht werden, vielleicht sogar in einem objektiven Sinn? Oder, angelehnt an die Systematisierung von Zerfaß/Volkmann für die Erfassung und Bewertung von Kommunikationszielen (2019: 226–232): Welche „KPI's" werden mit welchen „Evaluationsmethoden" einer soliden Erfolgsmessung zugeführt?

Die Berichte der Unternehmen nennen aber nicht ausschließlich Indikatoren, die irgendwie messbar sind. Sie geben in ihrer Berichterstattung auch viel Raum für die Instrumente im Sinne von Maßnahmen, welche die Unternehmen ergriffen haben oder ergreifen werden, um ihre nichtfinanzielle Performance genauer zu identifizieren, besser zu verstehen, besser zu erfassen und vor allem am Ende auch zu optimieren. Welche Verfahren, Management-Prozesse, Programme, Organisationsstrukturen werden in diesem Zusammenhang genannt? Auch nach solchen Aussagen haben wir intensiv geforscht.

Leistungsindikatoren

Letztlich waren wir auf der Suche nach möglicherweise von mehreren Unternehmen verwendeten Leistungsindikatoren oder nach solchen Leistungsindikatoren, mit deren Verwendung Unternehmen sich einen eigenständigen Auftritt verschaffen. Diesen übergreifenden Begriff „Leistungsindikator" verstehen wir dabei in einem doppelten Sinn: Er hat sowohl eine quantitative als auch eine qualitative Dimension. Natürlich sind Leistungsindikatoren bestechend, wenn man sie am Ende mit einer Zahl innerhalb einer vorgegebenen Skala quantifizierbar darstellen kann. Und solche Indikatoren werden von vielen untersuchten Unternehmen auch gern verwendet. Aber darüber hinaus gibt es eben auch Leistungsindikatoren, die nicht in einer Zahl ausgedrückt werden (können). Auch diese haben wir zu identifizieren gesucht.

Zwar sind die aufgegriffenen Leistungsindikatoren in vielen Berichten mehr oder weniger ähnlich auffindbar. Unser Anliegen war es jedoch durchaus, möglichst viele Aussagen in den Berichten der Unternehmen im Originalwortlaut zu zitieren, um die authentische Unternehmensstimme markant zu vermitteln.

Zentrale Forschungsfrage und Forschungsziele

Wir haben unsere Analyse mit dieser Forschungsfrage fokussiert: Mit welchen Methoden und Instrumenten ermitteln (Dimension: Recherche) und bestimmen

(Dimension: Priorisierung) und bewerten (Dimension: Leistungsmessung) die DAX 40-Unternehmehmen ihre Leistungen bei den für sie wesentlichen nichtfinanziellen Themen?

Das Forschungsziel war es, auf diesem Weg einerseits die wichtigsten der verwendeten Leistungsindikatoren zu benennen. Und anderseits sollte das Spektrum der Methoden aufgezeigt werden, mit denen die Unternehmen ihre Leistungen bewerten, evaluieren, messen.

Sechs Themenfelder der Analyse
Wir haben uns für sechs Themenfelder entschieden, zu denen wir zentrale Aussagen der Unternehmen identifizierten.

1) Soziale Verantwortung und gesellschaftliche Reputation,
2) Umwelt-Belange,
3) Beachtung Menschenrechte,
4) Korruptionsbekämpfung,
5) Qualität der Beziehungen zu Mitarbeitern,
6) Kunden-Beziehungen.

Damit haben wir die fünf in der CSR-Richtline explizit als inhaltliche Mindeststandards der Berichte geforderten Felder vollständig abgedeckt. Darüber hinaus haben wir noch die Kunden-Belange hinzugenommen. Die Berichterstattung zu diesem Feld wird in der Richtline selbst zwar nicht dezidiert gefordert, wird aber in der Adaption durch das HGB und andere Regelwerke impliziert (Piwinger, 2021: 4) und vor allem auch von den Unternehmen auffällig prominent thematisiert.

3.3 Analyseteil: Berichterstattung der DAX 40-Unternehmehmen in sechs relevanten Themenfeldern

Zum Vorgehen
Im Folgenden präsentieren wir das von uns als besonders markant identifizierte Material. Grundsätzlich haben wir versucht, die Aussagen in den sechs genannten Themenfeldern abzugrenzen und dann systematisch zuzuordnen – und zwar in dieser Reihenfolge: Soziale Verantwortung, Umwelt, Menschenrechte, Korruption, Mitarbeiter und Kunden. Das war nicht immer ganz trennscharf möglich, da manche Aussagen themenübergreifend gemacht werden und diese die unternehmerische Sozialverantwortung lediglich allgemein bzw. grundsätzlich thematisieren.

Solche Aussagen haben wir dann dem ersten, nun folgenden Unterkapitel zugeordnet. Am Beginn der sechs Unterkapitel haben wir jeweils die Leistungsindikatoren dargestellt, die vermehrt bzw. besonders markant in den Unternehmensberichten Beachtung fanden.

Themenfeld 1: Soziale Verantwortung und gesellschaftliche Reputation

Übergreifend wird in vielen Berichten deutlich, dass der Stakeholder-Dialog genutzt wird, um im Austausch mit relevanten internen und externen Stakeholdern die Themen der nichtfinanziellen Berichterstattung sicher zu ermitteln – dies zumeist im Kontext einer Wesentlichkeitsanalyse. Zentral ist der proaktive, kontinuierliche Austausch, vertieft durch gezielte Befragungen. Netzwerkarbeit und Dokumenten- und Medienanalysen sind weitere Optionen zur Ermittlung der Themen. Stakeholder-Maps und Wesentlichkeitsanalysen sind auf diesem Weg ganz eindeutig zu zentralen Tools der Unternehmen für die nichtfinanzielle Berichterstattung geworden.

Ein weiterer thematischer Schwerpunt des Berichtszeitraums sind die auffälligen Aktivitäten zur besseren Transparenz in der politischen Kommunikation bzw. in der Lobby-Arbeit.

Zentraler Rang der Stakeholder-Befragung im Rahmen der Wesentlichkeitsanalyse

Sehr breiten Raum in vielen Berichten nimmt die Darstellung ein, wie die Unternehmen ihre Wesentlichkeitsanalysen erstellen und auf welche Art die relevanten Stakeholder hierzu einbezogen werden.

Erstellung Nachhaltigkeitsbericht

Die Befragung der Stakeholder wird von vielen Unternehmen ganz grundsätzlich als fundamentale Grundlage der Nachhaltigkeitsberichterstattung eingestuft. Passagen wie die nachfolgende sind hier vielfach präsent: *„Über die Befragung unserer Stakeholder möchten wir erfahren, welche Themen diese als relevant in Bezug auf RWE einschätzen. Die so ermittelten Themen unserer Stakeholder berücksichtigen wir bei der Erstellung dieses Nachhaltigkeitsberichts.“* (RWE Nachhaltigkeitsbericht 2021: 22)

Stakeholdermap

Manche Unternehmen geben diesem Dialog einen Modell-Anstrich. BMW nennt sein Tool „Stakeholdermap" und gibt auch an, sich in diesem Rahmen dezidiert auch kritischen Diskussionen zu stellen: *„Ein Grundpfeiler des Stakeholderengagements ist die kontinuierliche, systematische Identifizierung und Priorisierung der Stakeholder und ihrer Themen. Zu diesem Zweck führen wir ein regelmäßiges ‚Stakeholdermapping' zu strategisch wichtigen Themen an allen relevanten Standorten durch. Wir behandeln sowohl Themen, die von Stakeholdern an uns herangetragen werden, als auch solche, bei denen wir aktiv an Stakeholder herantreten."* (BMW Nachhaltigkeitsbericht 2019: 2)

Stakeholder Policy

BMW hat gar ein eigenes Regelwerk für den Stakeholder-Dialog normiert: *„Grundlage des eigenen Stakeholdermanagements der BMW Group ist die unternehmenseigene ‚Stakeholder Engagement Policy'. Darin sind die Dialogziele definiert, die Kriterien zur Identifizierung und Priorisierung der Stakeholder festgelegt sowie verschiedene geeignete Dialogformate und Kommunikationsformen vorgegeben."* (BMW Geschäftsbericht 2020: 29)

Punktuelle Stakeholder-Umfragen, kontinuierliche Stakeholder-Dialoge

Manche Unternehmen weisen auf punktuelle Aktivitäten dieser Art hin oder aber, dass die regelmäßige Stakeholder-Kommunikation schon immer gängige Praxis war bzw. dass sie dies fortlaufend tun.

„Im Jahr 2021 haben wir (dazu) eine umfassende Umfrage unter unseren Stakeholdern durchgeführt. Darüber hinaus sind wir seit Jahren mit Meinungsführer:innen, der Fachöffentlichkeit, Wissenschaft, internationalen Ratingagenturen und Analysten:innen im Dialog." (Henkel Nachhaltigkeitsbericht 2021: 74)

„Mit unseren Anspruchsgruppen kommunizieren wir regelmäßig über unterschiedliche Formate: Wir führen Stakeholder-Befragungen durch oder veranstalten themenspezifische Dialoge auf regionaler und internationaler Ebene. Zudem tauschen wir uns in Gesprächs- und Informationsforen oder im Zuge unserer Interessenvertretung (Advocacy) sowie unserer Verbandsarbeit aus." (Merck Nachhaltigkeitsbericht 2021: 20)

„Fester Bestandteil der Nachhaltigkeitsstrategie der Gruppe Deutsche Börse ist eine Materialitätsanalyse, in der die Erwartungen und Anforderungen von relevanten internen und externen Anspruchsgruppen fortlaufend analysiert und bewertet werden." (Deutsche Börse Geschäftsbericht 2020: 53)

Materialitätsanalyse, Stakeholderbefragung (weltweit)
Die meisten Unternehmen betonen jedoch die Bedeutung ihrer kontinuierlichen Stakeholder-Befragungen im Rahmen eines ganz bestimmten Orts, nämlich der Wesentlichkeits- bzw. Materialitätsanalyse. Die nachfolgenden Zitate sind typisch für viele der von uns untersuchten Berichte.

„Die Erwartungen und Anforderungen der verschiedenen Stakeholder ermitteln wir anhand einer Materialitätsanalyse, bei der weltweit Vertreter wichtiger Stakeholdergruppen und Führungskräfte aus verschiedenen Bereichen des Unternehmens befragt werden." (Bayer Nachhaltigkeitsbericht 2021: 28)

„Im Rahmen unserer Materialitätsanalyse ermitteln und bewerten wir die Erwartungen und Anforderungen von relevanten in- und externen Anspruchsgruppen fortlaufend". (Geschäftsbericht Deutsche Börse 2021: 22)

„Außerdem führen wir Stakeholderbefragungen durch, mit denen wir die Auswahl unserer wesentlichen Themen bestätigen." (Adidas Geschäftsbericht 2021: 121)

„Mit unseren Anspruchsgruppen kommunizieren wir regelmäßig über unterschiedliche Formate: Wir führen Stakeholder-Befragungen durch oder veranstalten themenspezifische Dialoge auf regionaler, nationaler und internationaler Ebene. Zudem tauschen wir uns in Gesprächs- und Informationsforen oder im Zuge unserer Interessenvertretung (Advocacy) sowie unserer Verbandsarbeit aus." (Merck Nachhaltigkeitsbericht 2020:14)

Hohe Zahl der Befragten
Zum einen Teil betonen Unternehmen bei der Ermittlung ihrer wesentlichen nichtfinanziellen Themen den exakten Weg der Befragung ihrer Stakeholder, teilweise unter näheren Angaben, wieviele denn befragt wurden: *„Zur Bestimmung der wesentlichen Themen für eine nachhaltige Unternehmensführung bei RWE haben wir uns an Themen orientiert, die für unsere externen und internen Stakeholder von besonderer Relevanz sind. Zu diesem Zweck haben wir im Rahmen einer Materialitätsanalyse Interviews mit 20 externen und internen Stakeholdern durchgeführt, die einen maßgeblichen Beitrag zu unserem Nachhaltigkeitsmanagement leisten. In einem standardisierten Fragebogen haben wir die Stakeholder zu den Aspekten Umweltbelange, Arbeitnehmerbelange, Sozialbelange, Achtung der Menschenrechte sowie Bekämpfung von Korruption und Bestechung befragt."* (RWE Nachhaltigkeitsbericht 2020: 2)

Vielzahl ausgewerteter Quellen

Unternehmen wie Siemens oder Daimler betonen, dass sie die Themen nicht allein durch Befragung ermitteln, sondern in einem mehrschichtigen Verfahren mit Einbezug diverser Methoden.

„Um zu ermitteln, welche Nachhaltigkeitsthemen für Daimler und seine Stakeholder besonders relevant sind, führten wir 2020 eine umfassende Wesentlichkeitsanalyse durch. Neben den bestehenden strategischen Handlungsfeldern und Grundlagen wurden dabei auch weitere, potenziell wesentliche Nachhaltigkeitsthemen und – trends analysiert. Die Analyse bestand aus vier Komponenten: einer Dokumentationsanalyse, einer breit angelegten Online-Stakeholder-Umfrage sowie Experteninterviews und einer SDD-Impact-Bewertung. In einem zweiten Schritt haben wir die aus der Analyse resultierenden Nachhaltigkeitsthemen im Hinblick auf die Vermögens-, Finanz- und Ertragslage sowie den Geschäftsverlauf geprüft, um die Themen für diese nichtfinanzielle Erklärung zu definieren.“ (Daimler Geschäftsbericht 2020: 73)

„Mithilfe der Materialitätsanalyse konnten wir die relevanten Nachhaltigkeitsthemen priorisieren. […] Die Bestimmung der materiellen Themen erfolgte schrittweise. Die Liste potenzieller relevanter Nachhaltigkeitsthemen (~ 100) basierte auf einer umfassenden Recherche zu Ratings, Ranking und Peers.“ (Siemens Nachhaltigkeitsbericht 2021: 37).

Methoden-Mix beim Dialog

Unternehmen wie Daimler, Lufthansa, Henkel und Telekom betonen ihren Methoden-Mix bei der dialogischen Identifikation der wesentlichen Themen.

„Zum einen arbeiten wir mit Instrumenten, durch die wir den Dialog proaktiv initiieren. Diese sind zum Beispiel der Daimler Sustainability Dialogue, Stakeholder-Befragungen, der Beirat für Integrität und Unternehmensverantwortung, Fachtagungen und thematische Dialoge etwa in Form von Workshops. Zum anderen sind es beobachtende Instrumente, die uns dabei helfen, über den von uns initiierten Dialog hinaus Entwicklungen und damit verbundene Erwartungen zu erkennen, wie die Teilnahme an branchenspezifischen und – übergreifenden Netzwerken und Initiativen, das Heranziehen von Studien und Publikationen sowie die Analyse von Medien.“ (Daimler Nichtfinanzieller Bericht 2019: 208)

„Der kontinuierliche Austausch mit den Stakeholdern leistet einen wichtigen Beitrag für die Weiterentwicklung der Lufthansa Group, ihrer Nachhaltigkeitsstrategie und für die jährliche Berichterstattung zu wesentlichen Themen der unternehmerischen Verantwortung (Corporate Responsibility). […] Wichtige Impulse zu Schlüsselthemen erhält die Lufthansa Group auch über ihre Stakeholder-Befragung zu

wesentlichen nichtfinanziellen Themen sowie über die konzernweite Mitarbeiterbefragung „involve me". Aus den Ergebnissen und den offenen Kommentaren leitet der Konzern Handlungsfelder und Maßnahmen ab." (Lufthansa Nachhaltigkeitsbericht 2019: 27)

„Um die Erwartungen und Perspektiven unserer Stakeholder besser zu verstehen und einen gezielten und lösungsorientierten Dialog zu ermöglichen, setzen wir nicht nur auf spezifische Befragungen, sondern erfassen das Meinungsbild unserer Stakeholder kontinuierlich auf mehreren Ebenen: im direkten Dialog, im Rahmen von Multi-Stakeholder-Initiativen sowie auf Dialog-Plattformen zu Nachhaltigkeitsthemen." (Henkel Geschäftsbericht 2020: 187)

Dokumentenanalyse, Online-Umfragen, Interviews

Die relevanten Themen können natürlich auch durch andere bzw. zusätzliche analytische Vorgehensweisen ermitteln werden, beispielsweise Dokumenten-Analysen und qualitative Interviews mit Experten.

„In einem umfassenden Wesentlichkeitsprozess ermitteln wir die Themen, die für die Ausrichtung unserer Nachhaltigkeitsstrategie relevant sind. Hierzu führen wir jährlich eine Dokumentenanalyse durch, bei der wir u. a. bestehende Gesetzgebungen sowie die Erwartungen unserer Stakeholder, z. B. des Kapitalmarkts, analysieren." (Deutsche Telekom Geschäftsbericht 2021: 92)

„Außerdem wollten wir uns ein Bild unserer internationalen Nachhaltigkeitsreputation verschaffen. Hierbei verfolgten wir einen quantitativen sowie qualitativen Ansatz und führten neben einer umfangreichen Online-Umfrage vertiefende Interviews durch." (Henkel Nachhaltigkeitsbericht 2021: 35)

Schwerpunktthema Politische Kommunikation

Ein weiteres auffälliges breit berichtetes Schwerpunktthema im Berichtszeitraum ist die Politische Kommunikation der Unternehmen. In Bezug auf ihr Lobbying legen sie zunehmend Wert auf verbesserte Transparenz. Hierzu haben sie unterschiedliche Prozesse initiiert.

Mehr Transparenz

Mehreren Unternehmen ist es ein wichtiges Anliegen zu verdeutlichen, wie sie ihre Transparenz in der Politischen Kommunikation bzw. im Lobbying verbessern wollen. Das gilt zum Beispiel insbesondere für die Deutsche Wohnen, Fresenius und Mercedes.

Die Deutsche Wohnen betont eine aktive Rolle bei der Entwicklung neuer Gesprächsformate mit der Politik: *„Zu den wichtigsten Dialoginstrumenten gehören systematische und regelmäßige Befragungen der Anspruchsgruppen. Daneben* *entwickeln wir neue Dialogformate mit politischen Verantwortungsträger:innen und Multiplikator:innen auf Bundes-, Landes- und kommunaler Ebene und aktivieren den Austausch mit Akteur:innen der Stadtgesellschaft.“* (Deutsche Wohnen Geschäftsbericht 2020: 120)

„Aufgrund seiner wirtschaftlichen, sozialen und ökologischen Bedeutung steht der Wohnungsmarkt im Zentrum der politischen und gesellschaftlichen Diskussion. […] Wir bringen unsere Position und Expertise in die Diskussion ein, um unseren Beitrag zur Erreichung gesellschaftlicher Ziele wie Neubau und Klimaschutz zu verdeutlichen und konkrete Lösungsvorschläge aufzuzeigen. […] Die Deutsche Wohnen hat zu diesem Ansatz zahlreiche Hintergrundgespräche mit Fachpolitiker:innen geführt und das Konzept in Branchenverbänden und Gremien vorgestellt.“ (Deutsche Wohnen Geschäftsbericht 2020: 137)

Fresenius stellt die aus Sicht des Unternehmens geregelte und ethisch korrekte Einflussnahme auf den Politischen Prozess so dar: *„Unser Geschäft wird von einer Vielzahl komplexer regulatorischer Prozesse beeinflusst. Daher beteiligen wir uns auch regelmäßig an politischen Debatten. Wir arbeiten zudem mit Dritten zusammen, um die politische Interessenvertretung zu unterstützen. Unsere Grundsätze für politische Aktivitäten sind in unseren Ethik- und Verhaltenskodex (Kodex). Er steht in Einklang mit den geltenden Gesetzen und Bestimmungen.“* (Fresenius Medical Care Geschäftsbericht 2020: 89)

Konzernrichtlinie Lobbyarbeit

Unternehmen normieren ihre politische Einflussnahme zunehmend durch konkrete Richtlinien.

„Den Umgang mit Zuwendungen, die Vergabe von Parteispenden und die Handhabung weiterer Instrumente zur politischen Interessenvertretung regelt unsere Konzernrichtlinie zur Lobbyarbeit, politischen Spenden und Parteispenden.“ (Daimler Truck Geschäftsbericht 2021: 85)

„Der Bereich Kommunikation und Soziale Verantwortung (Communications & Social Responsibility) berichtet direkt an den Vorstandsvorsitzenden. Unsere Konzernrichtlinie für Spenden, Mitgliedschaften, Sponsoring & Eckpfeiler der sozialen Verantwortung (CSR) regelt den Umgang mit Spenden, Mitgliedschaften und Sponsorings für den Deutsche Bank Konzern und erläutert die Eckpfeiler des gesellschaftlichen Engagements der Bank sowie Governance-Standards, Prozesse und Zuständigkeiten.“ (Deutsche Bank Nichtfinanzieller Bericht 2021: 112)

Transparenz bei Spenden

Transparenz für die Einflussnahmen lässt sich durch Offenlegung von Zuwendungen herstellen, was diese Passage im Geschäftsbericht von Merck sehr offen anspricht: „*Je nach länderspezifischen Gesetzen und Regelungen veröffentlichen wir auch im Jahr 2021 unsere finanziellen und nicht finanziellen Zuwendungen an Stakeholder im Gesundheitswesen wie medizinisches Fachpersonal und Gesundheitsorganisationen. Dazu gaben wir – sofern gesetzlich beziehungsweise regulatorisch vorgesehen – individuelle Empfängernamen und Adressen sowie Zweck und die Höhe der Zuwendung an.*“ (Merck Geschäftsbericht 2021: 165)

Anschluss an Transparenzregister

Der Anschluss an das Transparenzregister des Europäischen Parlaments ist eine weitere Option, wie Covestro aufzeigt: „*Im Bereich Lobbyarbeit haben wir bspw. klare und verbindliche Regeln für das Engagement im politischen Raum geschaffen. […] Zusätzlich zu der extern veröffentlichten Selbstverpflichtung hat sich Covestro auf freiwilliger Basis dem europäischen Transparenzregister angeschlossen. Covestro leistet als Unternehmen grundsätzlich keine Spenden an politische Parteien, politisch Agierende und für ein politisches Amt kandidierende.*“ (Covestro Geschäftsbericht 2021: 54)

Evaluationskonzept

Mercedes akzentuiert dagegen seinen Weg von Evaluationskonzepten unter Einbezug auch kritischer externer Stakeholder: „*Im Berichtsjahr wurde gemeinsam mit externen Beratern ein Evaluationskonzept entwickelt, um die Lobbying-Aktivitäten nachvollziehbar und überprüfbar zu machen. Das Konzept beruht auf wissenschaftlicher Basis. Wir haben uns bei der Methodik für anonymisierte Interviews entschieden. Die Zielgruppe umfasst interne und externe Stakeholder – unter anderem Vertreter von NGOs, Think Tanks und Verbänden sowie aus Politik und Verwaltung.*“ (Mercedes-Benz Group Geschäftsbericht 2021: 110)

Eindeutigere Verankerung der Themen durch Maßnahmen der Organisationskommunikation

Vielfach wird über Maßnahmen zur eindeutigeren Verantwortung der Themen innerhalb der Organisation berichtet. Das betrifft Organigramme, Prozesse, Strukturen, interne Zuständigkeiten, verbesserte Prozesse und Verfahren.

CSR-Board

Hier werden von manchen Unternehmen unterschiedliche organisationsinterne Einheiten geschaffen, um die Verantwortung nichtfinanzieller Themen eindeutiger zu verankern und klarer zu verantworten. Infineon hat sogar ein hochkarätig mit Entscheidungsträgern besetztes Gremium neu geschaffen, das die ESG-Auswirkungen des Unternehmens kontinuierlich überwacht: „*Wir haben ein Corporate Social*

Responsibility (CSR)-Board gegründet, das aus Mitgliedern von Vorstand und Fachabteilungen besteht und so den Querschnitt unseres Unternehmens und die relevanten Themen repräsentiert. Hier werden wichtige CSR-Inhalte bewertet und Konsequenzen für das Handelns unseres Unternehmens abgeleitet." (Infineon Nachhaltigkeitsbericht 2021:2)

Ähnlich agiert BASF: „*Die Corporate-Center-Einheit „Corporate Strategy & Sustainability" ist gemeinsam mit dezentral organisierten Fachverantwortlichen zuständig für die Integration von Nachhaltigkeit in die Kerngeschäftsaktivitäten sowie in Entscheidungsprozesse.*" (BASF Bericht 2021: 46)

Klassische Lösung: IR-Abteilung

Unternehmen wie Fresenius setzen hingegen weiter auf die klassische Verankerung des Themas in den bisherigen Strukturen der IR-Kommunikation: „*Die Abteilung Investor Relations & Sustainability koordiniert die operative Umsetzung von Nachhaltigkeitsrichtlinien und -standards im Konzern und verantwortet die nichtfinanzielle Konzernberichterstattung.*" (Fresenius Geschäftsbericht 2021: 118)

Verankerung im CEO-Ressort

Eine Möglichkeit, dem gesamten Themengebiet einen extrem hohen Symbolgehalt zu geben, ist die Verankerung in der CEO-Verantwortung, so wie Deutsche Post DHL es aktuell ausgewiesen hat: „*Die Verantwortung für die strategische Ausrichtung, die Materialitätsanalyse, den Stakeholder-Dialog und die Umsetzung der strategischen und operativen ESG-Programme wurde der Konzernentwicklung im Ressort des Vorstandsvorsitzenden übertragen.*" (Deutsche Post DHL Geschäftsbericht 2021: 49)

Eigenes Vorstandsressort

Ähnlich wirkungsvoll dürfte die Verankerung der Thematik in einem eigenen Vorstandsressort sein, wie dies von Siemens gehandhabt wird: „*Alle strategischen Nachhaltigkeitsaktivitäten werden von unserem Chief Sustainability Officer (CSO) gesteuert, die Mitglied des Siemens-Vorstands und Vorsitzende des Siemens Sustainability Boards (SSB) ist.*" (Siemens Nachhaltigkeitsbericht 2021: 40)

Due Diligence zu ESG-Themen

Siemens überträgt ein klassisches Tool der Unternehmensbewertung in die Risiko-Bewertung seiner CSR-Themen: „*Darüber hinaus kann ein geschäftliches Engagement, durch das sensible Umwelt-, Sozial- oder Governance-Aktivitäten berührt sind, negativ wahrgenommen werden und negative Schlagzeilen auslösen. Dies könnte zu Reputationsschäden führen und sich negativ auf die Erreichung unserer Geschäftsziele auswirken. Im Geschäftsjahr 2021 implementieren wir ein Due-Diligence-Tool für Umwelt, Soziales und Governance, das für alle Siemens-Einheiten verpflichtend ist.*" (Siemens Geschäftsbericht 2020: 44)

Scorecard-Ansatz
Andere setzen auf den Scorecard-Ansatz: *„In der Konzern-Nachhaltigkeits-Scorecard sind die Leistungsindikatoren für Nachhaltigkeit gebündelt.*" (Continental Geschäftsbericht 2021: 37)

ESG-KPI's
Telekom unternimmt den Versuch, die CSR-Thematik in umfassende Zahlen-Systeme zu überführen, um die nachhaltige Gesamtleistung der Organisation rechenbar darzustellen: *„Im Rahmen unseres CR-Controllings erfassen wir ‚Environmental, Social und Governance' (ESG) -Daten und -Kennzahlen. Diese nutzen wir in erster Linie, um unsere konzernweiten ESG-KPIs (Key Performance Indicator) zu berechnen, mit denen wir unsere CR-Leistung messen und steuern.*" (Deutsche Telekom Geschäftsbericht 2020: 80). Dadurch gewinnt die Telekom ein sehr originelles, eigenständiges Auftreten: *„Die Wirkung unseres gesellschaftlichen Engagements messen wir konzernweit mit einem Set aus drei ESG-KPIs. Der ESG KPI „Community Investment" bildet dabei unser finanziell, personell und in Sachmitteln geleistetes Engagement ab. […] Der ESG KPI „Beneficiaries" gibt die Anzahl der Personen an, die von unserem Engagement profitieren. […] Der ESG KPI „Medienkompetenz" ermittelt innerhalb unseres gesellschaftlichen Engagements den Anteil der Zielgruppe, die von Medienkompetenz-Maßnahmen profitiert hat.*" (Deutsche Telekom Geschäftsbericht 2020: 89)

Aktive Teilnahme an Ratings
Andere Unternehmen betonen ihren aktiven Part in der Beteiligung an möglichst mehreren externen Rankings.

„Um den Kapitalmärkten umfassendere Informationen bereitzustellen sowie Vergleichbarkeit und Transparenz unserer ESG-Performance sicherzustellen, nimmt Zalando an mehreren ESG-Ratings teil." (Zalando Geschäftsbericht 2021: 88)

„Um noch mehr Transparenz zu ermöglichen, stellt sich E.ON externen Bewertungen ihrer Nachhaltigkeitsleistung. Solche ausführlichen Beurteilungen werden von spezialisierten Agenturen oder von Kapitalmarkt-Analysten durchgeführt." (E.ON Geschäftsbericht 2021: 140)

Reputationsrisiken, Reputationsbefragung, Unternehmensmarke
VW, Allianz und BASF rücken die Unternehmensmarke in den Kontext der nichtfinanziellen Themen und akzentuieren dadurch ihre Sensibilität für Reputations-Risiken.

Für VW ist die Konzernreputation ein ganz wesentlicher Leistungsindikator. Dieser wird seit mehreren Jahren in einer Zahl ermittelt.: *„Einen entscheidenden Beitrag zur Verankerung des Stakeholder-Managements in der Strategie leistet der Key-Performance-Indicator (KPI) Reputation als Kennzahl des Konzerns. Der Indikator basiert auf den Antworten externer Stakeholder in der seit 2017 jährlich durchgeführten Konzernreputationsbefragung. [..] Die Befragung basiert auf persönlichen Telefoninterviews."* (VW Nachhaltigkeitsbericht 2021: 25)

Auch die Allianz hält das Reputationsrisiko für eines der wesentlichen Risiken, das es im Blick zu halten gilt: *„Grundsätzlich stützt sich die Risikobewertung auf qualitative Kriterien oder Scenario-Analysen. Zu den wichtigsten sonstigen Risiken zählen das strategische Risiko, das Liquiditäts- und das Reputationsrisiko."* (Allianz Geschäftsbericht 2016: 70)

Bei den Methoden, das gesellschaftliche Vertrauen in das Unternehmen zu messen, setzt BASF auf regelmäßige Analysen der Unternehmens-Marke: *„Wir entwickeln unseren Markenauftritt kontinuierlich weiter. Dazu messen wir regelmäßig die Bekanntheit und das Vertrauen unserer Marke und in unser Unternehmen. Eine alle zwei Jahre von uns beauftragte und von einem Marktforschungsinstitut weltweit durchgeführte Studie hat 2018 ergeben, dass BASF in zahlreichen Ländern bei Bekanntheit und Vertrauen über dem jeweiligen Durchschnitt der Branche liegt."* (BASF Geschäftsbericht 2019: 29)

Auswirkungen auf Investoren
Zuletzt: Eine gute Nachhaltigkeits-Bilanz ist nicht nur ethisch geboten. Es hilft Unternehmen zunehmend in der Kapitalakquise, wie es Vonovia betont: *„Wir möchten unseren Unternehmenswert und unsere Attraktivität für Anleger und Kapitalgeber dauerhaft steigern und zugleich in unserem Einflussbereich zu einer nachhaltigen Entwicklung beitragen. Dadurch werden wir auch für Investoren attraktiv, denen Nachhaltigkeit auch immer wichtiger wird. Der Zugang zum Kapitalmarkt ist dabei für uns entscheidend."* (Vonovia Geschäftsbericht 2020: 72)

Themenfeld 2: Umwelt-Belange

Die Unternehmen nutzen recht unterschiedliche Ansätze und Methoden, quantifizierbare und nicht-quantitative, um ihre Aktivitäten in Bezug auf eine verbesserte

Wirkung auf die natürliche Umwelt darzustellen. Scorecard-Ansätze spielen eine gewisse Rolle. Sehr große Konzerne wie BASF, Siemens und Merck haben ihre diesbezüglichen Auswirkungen auf Gesellschaft und Umwelt in eigenständigen Modellen gebündelt, die sie mit außenwirksamen Namen geradezu gebranded haben.

Grundsätzliche Konzepte

In diesem Kapitel referieren wir die grundsätzlichen und konzeptionellen Herangehensweisen, die in den Unternehmensberichten beschrieben werden.

Scorecard-Ansatz, Kennzahlenansatz

Scorecards oder ganz generell Kennzahlen-Systeme sind Optionen, die zum Beispiel von Continental und Fresenius betont werden.

„*Bereits im Geschäftsjahr 2019 hat Continental eine sogenannte Sustainability Scorecard auf Konzernebene eingeführt, um Fortschritt im Bereich Nachhaltigkeit zu messen.*" (Continental Geschäftsbericht 2020: 54)

„*Zudem haben wir globale Kennzahlen für verschiedene Bereiche festgelegt, mit denen wir unsere Nachhaltigkeitsleistung messen. Neu sind beispielsweise globale Leistungsindikatoren zu Patientenumfragen, zur Qualität von Produkten und zur Nachhaltigkeit der Lieferkette.*" (Fresenius Medical Care Geschäftsbericht 2020: 87/88)

Versuch monetärer Bewertung

Noch weiter geht SAP, das die verbesserten Leistungen in den nichtfinanziellen Themen inzwischen sogar monetär bewertet: „*Um zu zeigen, wie bestimmte nichtfinanzielle Kennzahlen unser Betriebsergebnis beeinflussen, haben wir bei SAP diesen Einfluss monetär quantifiziert. Hierbei verwenden wir beispielsweise Kennzahlen, die messen, wie gut wir unsere Mitarbeiter für unser Unternehmen, unser Unternehmensziel und unsere Strategie begeistern, um ihnen ein gesundes Arbeitsumfeld zu bieten oder wie erfolgreich wir unser CO_2-Emissionen senken. Um dies darlegen zu können, haben wir Ursache-Wirkungs-Ketten erstellt. Diese zeigen, wie spezielle Maßnahmen der SAP Verhaltensänderungen bewirken. Diese Änderungen beeinflussen wiederum unser Geschäft und wirken sich letztendlich auch finanziell aus.*" (SAP Integrierter Bericht 2020: 229)

Ökologie-Analysen

BASF nützt verschiedene Analysetools, um seinen ökologischen Fußabdruck konkret zu erfassen: „*Wir wollen den Wertbeitrag unseres unternehmerischen Handelns entlang der gesamten Wertschöpfungskette erfassen. […] Um dies zu erreichen,* *müssen wir noch besser als bislang Auswirkungen unseres Handelns auf Umwelt und Gesellschaft verstehen. Langjährige Erfahrungen haben wir dazu bereits in der Bewertung unserer Produkte und Prozesse gesammelt, beispielsweise durch Ökoeffizienz-Analysen, die Portfolioanalyse Sustainable Solution Steering oder die BASF-CO_2-Bilanz.*" (BASF Bericht 2016: 30)

Eigenständige Modelle
Konzerne wie BASF, Siemens und Merck sind noch einen deutlichen Schritt weiter gegangen als die meisten Unternehmen. Sie haben ambitionierte, eigenständige Modelle geschaffen, mit denen sie ihre Auswirkungen auf die Umwelt im Anspruch eines Total-Modells darstellen. Total-Modelle haben das Ziel, in einer Darstellung alle Faktoren abzubilden, die für einen bestimmten Ausschnitt der Realität gelten. Diese Konzepte haben sogar eigene Marken-Namen erhalten.

Value to Society-Konzept
„Deshalb haben wir die Value-to-Society-Methode im Jahr 2013 gemeinsam mit externen Fachleuten erarbeitet. Anhand dieses methodischen Ansatzes können wir die Bedeutung finanzieller und nachhaltigkeitsbezogener Auswirkungen unserer Geschäftstätigkeit auf die Gesellschaft miteinander vergleichen und ihre Wechselwirkungen aufzeigen." (BASF Bericht 2021: 47)

Business to Society-Konzept
Im Grunde identisch geht Siemens vor, nennt den Indikator aber begrifflich anders:
„Wir messen unsere Auswirkungen auf eine nachhaltige Entwicklung anhand unserer Business-to-Business-Society-Methodik. Die Methodik beruht auf dem „Measuring Impact Framework des World Business Council for Sustainable Development'(WBCSD). (Siemens Nachhaltigkeitsbericht 2021: 25)

Sustainable Business Value
Ein ähnlich ambitioniertes Konzept verfolgt Merck: *„Um die Nachhaltigkeit unserer Produkte, Technologien und Geschäftstätigkeiten bewerten zu können, haben wir die Methode ‚Sustainable Business Value (V)' entwickelt. Mit ihr bewerten wir sowohl positive als auch negative Auswirkungen unserer Aktivitäten auf die Gesellschaft. Neben ESG-Parametern (Environmental, Social, Governance) beziehen wir auch ökonomische und ethische Aspekte sowie Digitalisierung und Produktnutzen ein. Das Ergebnis ist ein monetärer Wertbeitrag, den beispielsweise ein Produkt für die Gesellschaft hat.*" (Merck Nachhaltigkeitsbericht 2020: 10)

Externe Ratings, Rankings

Siemens, E.ON, Zalando und Deutsche Börse nutzen die Teilnahme an diversen Ratings und Rankings strategisch. Ein gutes Abschneiden des Unternehmens in externen Wettbewerben in Bezug auf seine Nachhaltigkeits-Aktivitäten kann zu guten internen Effekten führen.

„Wir nehmen an externen Ratings und Rankings teil, damit wir uns mit ähnlichen Unternehmen und Wettbewerbern vergleichen können. […] Gute Ergebnisse in anerkannten und relevanten Ratings stärken die Marke Siemens und fördern die Mitarbeiterzufriedenheit." (Siemens Nachhaltigkeitsinformationen 2020: 41)

„Um noch mehr Transparenz zu ermöglichen, stellt sich E.ON externen Bewertungen ihrer Nachhaltigkeitsleistung. Solche ausführlichen Beurteilungen werden von spezialisierten Agenturen oder von Kapitalmarkt-Analysten durchgeführt. Die Ergebnisse bieten wichtige Orientierung für Investoren. Außerdem helfen sie, Stärken und Schwächen zu identifizieren und die Leistung weiter zu verbessern. Im Nachhaltigkeits-Channel auf der Unternehmens-Website findet sich eine Auflistung der Ergebnisse von Ratings und Rankings." (E.ON Geschäftsbericht 2020: 102)

*„Zalando nimmt seit 2018 am CDP Climate Change Fragebogen teil. CDG ist eine internationale Ratingagentur und liefert Investor*innen nichtfinanzielle Informationen mit Fokus auf klimabezogene Angaben in den Bereichen Governance, Strategie und Risikomanagement sowie entsprechende Kennzahlen und Zielgrößen."* (Zalando Geschäftsbericht 2021: 88)

Für die Deutsche Börse ist die Beurteilung durch Ratingagenturen maßgeblich: *„Das Urteil unabhängiger ESG-Ratingagenturen ist für uns ein wichtiger Gradmesser unserer ESG-Bemühungen. Wir analysieren fortlaufend unser Abschneiden und ergreifen entsprechende Maßnahmen."* (Deutsche Börse Geschäftsbericht 2021: 115)

Organisatorische Einzelmaßnahmen

In manchen Berichten wird der Stellenwert der Umwelt-Themen über die Schaffung neuer Strukturen, Stellen und Verantwortungen deutlich herausgestellt.

Neue interne Organisationen

Telekom betont eine Organisationsreform, um eine schnelle Umsetzung regulatorischer Vorschriften sicherstellen zu können: *„Um den wachsenden regulatorischen Anforderungen insbesondere der EU gerecht zu werden, haben wir 2020 eine interne bereichsübergreifende Taskforce ‚Green Deal' ins Leben gerufen. Auf diese Weise stellen wir sicher, dass notwendige Maßnahmen und Prozesse zeitnah implementiert werden und die notwendige Transparenz geschaffen wird."* (Deutsche Telekom Geschäftsbericht 2020: 82)

Herausgehobene Managementfunktion

Einzelne Unternehmen haben herausgehobene Management-Funktionen geschaffen, um den Stellenwert der Umwelt-Orientierung anzuheben, hier am Beispiel E.ON ausgewiesen: *„Informationen über ihre Fortschritte bezüglich der Klimaziele legt E.ON zunächst dem Chief Sustainability Council vor. Der Chief Sustainability Officer hat den Vorsitz des Council inne und berichtet dem E.ON-Vorstand regelmäßig über die erreichten Fortschritte."* (E.ON Geschäftsbericht 2021: 149)

Vertragliche Bindungen für Lieferanten

Mehrere Unternehmen betonen auffällig, wie strikt sie die Lieferkette nun bereits schon überwachen und ihre Lieferanten an das eigene Commitment binden. Dafür werden verschiedene Methoden genannt.

„Wir streben nach Transparenz in all unseren Beschaffungsregionen und verankern Nachhaltigkeit in allen unseren Wertschöpfungsketten. Um dies zu erreichen, haben wir zwei neue Kennzahlen festgelegt: Mit ihnen messen wir unseren Weg hin zu mehr Transparenz, indem wir die Nachhaltigkeitsleistung relevanter Lieferanten mit Hilfe gültiger Nachhaltigkeitsbewertungen überprüfen" (Merck Geschäftsbericht 2021: 142)

„Darüber hinaus verpflichten wir unsere wesentlichen Lieferanten auch vertraglich, unsere Umwelt-, Arbeitssicherheit- und CSR-Anforderungen einzuhalten." (Infineon Nachhaltigkeitsbericht 2021: 37)

„Seit Januar 2020 prüfen wir die Einhaltung unserer Anforderungen an die Nachhaltigkeit bei unseren Lieferanten über ein externes evidenzbasiertes ESG Assessment sowie selbst durchgeführte ESG Quick Checks." (Sartorius Geschäftsbericht 2021: 141)

„Wir erwarten von allen Zulieferern ein klares Bekenntnis zu unserem „Siemens Group Code of Conduct für Lieferanten und Geschäftspartner mit Mittlerfunktion". Die Anforderungen aus dem Code sind von allen Lieferanten verpflichtend einzuhalten." (Siemens Nachhaltigkeitsbericht 2021: 63)

„Potenzielle Lieferanten überprüfen wir bereits vor Aufnahme einer Geschäftsbeziehung mittels einer Selbstauskunft und durch Audits vor Ort." (Continental Geschäftsbericht 2021: 40)

Aufnahme in Risikomanagement

Die Integration der Klima-Themen in das klassische Risikomanagement ist eine überzeugende Option, von der Unternehmen Gebrauch machen.

So hat Heidelberg Cement hat erstmals Klimarisiken gesondert ausgewiesen: *„HeidelbergCement hat im Berichtsjahr eine erweiterte Analyse der nichtfinanziellen Risiken durchgeführt sowie Steuerungs- und Mitigationsmaßnahmen implementiert. Das betrifft insbesondere Klimarisiken. […] Die Klimarisiken werden in diesem Jahr erstmalig gesondert im Risiko- und Chancenbericht ausgewiesen."* (HeidelbergCement Geschäftsbericht 2020: 47)

Auch andere Unternehmen betonen die entsprechende, aktualisierte Fortschreibung ihres Risikomanagements: *„Wir beobachten und bewerten nichtfinanzielle Risiken im Rahmen unseres zentralen Risikomanagements. Grundlage für die Bewertung ist eine Liste von potenziellen Nachhaltigkeitsrisiken, die regelmäßig überprüft wird."* (Fresenius Medical Care Geschäftsbericht 2020: 88)

Nur geringe Umweltauswirkungen

Einzelne Unternehmen setzen einen ganz eigenen Akzent, indem sie sogar die in ihrem Fall nachgeordnete Bedeutung von umweltbezogenen Aktivitäten explizit ausdrücken. Auch das ist ein Weg, um zu verdeutlichen, dass die Auswirkungen des Unternehmens als gering zu vernachlässigen sind: *„Als Dienstleistungsunternehmen mit dem Fokus auf das Bereitstellen einer elektronischen Marktinfrastruktur sind betriebliche Umweltbelange für die Gruppe Deutsche Börse von untergeordneter Bedeutung."* (Deutsche Börse Geschäftsbericht 2020: 53)

Beachtung Menschenrechte

Die Berichterstattung zu den Aktivitäten im Bereich Wahrung und Sicherung der Menschenrechte ist bei weitem noch nicht so ausgeprägt und breit wie in den zuvor analysierten Feldern. Aber manchen Unternehmen gelingt es durchaus, bemerkenswerte Akzente zu setzen. Zum Teil wird deutlich auf die Entwicklung von Kodizes Wert gelegt. Auffällig weiterhin, dass auf Due Diligence-Prüfungen gesetzt wird und dass die Thematik teilweise enger ins Risikomanagement integriert wird, ganz ähnlich wie zuvor bei der Klima-Thematik aufgezeigt.

Ausweis gewachsenen Stellenwerts

Es gibt Berichte, in denen die gewachsene Bedeutung des Themas sprachlich ganz explizit betont ist: *„Unsere im Jahr 2019 durchgeführte Wesentlichkeitsanalyse unterstreicht die Bedeutung des Themas ‚Einhaltung der Menschenrechte' über eine hohe Bewertung insbesondere für unsere externen Stakeholder. Dieses Thema gewann in den regelmäßigen Investoren- und Kundengesprächen auch im Jahr 2021 zunehmend an Bedeutung."* (Symrise GRI-Bilanz 2021: 87)

Interdisziplinäre und übergreifende Kooperation

Die Passage von Siemens Energy macht deutlich, wie sehr es auf eine unternehmensbereichsübergreifende„ wirklich konzertierte Zusammenarbeit ankommt, um in dem sensiblen Feld Fortschritte zu generieren: *„Die wesentlichen Menschenrechts-Aspekte wurden basierend auf einer internen Wesentlichkeitsanalyse identifiziert, in die Erkenntnisse aus unseren Due-Diligence-Prüfungen von Kundenprojekten, dem Austausch zwischen den Funktionsbereichen Supply Chain Management, Umweltschutz, Gesundheitsmanagement und Arbeitssicherheit, Personalwesen und Nachhaltigkeit sowie die Erfahrungen unseres globalen Compliance-Teams mit kritischen und kontroversen Projekten eingeflossen sind."* (Siemens Energy Geschäftsbericht 2021: 60)

Externe Vergleiche

Die Außenperspektive kann orientierend sein: *„Um unsere Maßnahmen in Bezug auf die Achtung der Menschenrechte zu beurteilen, berücksichtigen wir auch externe Vergleiche, Leistungsbewertungen, Audit-Ergebnisse und die Rückmeldungen unserer Stakeholder."* (SAP Integrierter Bericht 2020: 109)

Ausformulierung in Codizes

Die Thematik kann unternehmensintern mindestens symbolhaft angehoben werden, indem Normen in Kodizes gegossen werden, wie die Berichte von Sartorius und VW es ausdrücken.

„Sowohl der Sartorius Verhaltenskodex als auch der Verhaltenskodex für Geschäftspartner greifen die Inhalte der Sartorius Grundsatzerklärung zur Achtung der Menschenrechte auf und konkretisieren diese für den Geschäftsalltag." (Sartorius Geschäftsbericht 2021: 142)

Unternehmen wie VW orientieren sich dabei direkt an den Vorgaben der UN: *„Ziel ist, unser konzernweit geltendes Compliance-Managementsystem für Menschenrechte zu stärken. Die Gestaltung orientiert sich an den ‚Human Rights Due Diligence"-Vorgaben der UN."* (VW Geschäftsbericht 2021: 142)

Audits

Interne Audits können wirksame Prüfmechanismen sein: *„Durch interne Audits überprüfen wir, ob die Arbeitsplatzanforderungen unserer Menschenrechtscharta an unseren Standorten eingehalten werden."* (Merck Nachhaltigkeitsbericht 2021: 54)

Verankerung im Risikomanagement

Viele Unternehmen nutzen auch für dieses Themenfeld ihr bereits lange etabliertes Risikomanagement-System und verankern es dort fest.

„Wir haben ein Konzept entwickelt, um die tatsächlichen und die möglichen Auswirkungen unserer Geschäftstätigkeit auf die Menschenrechte regelmäßig zu bewerten. Menschenrechtsaspekte sind in unserem zentralen Risikomanagementprozess verankert und werden fortlaufend überprüft. Im Jahr 2020 haben wir mit einer globalen Risikobewertung zu Menschenrechten, Arbeits- und Sozialstandards begonnen. Dabei haben wir eine Methode angewandt, die sich an den Anforderungen der UN-Leitprinzipien für Wirtschaft und Menschenrechte (UN Guiding Principles on Business an Human Rights) orientiert." (Fresenius Medical Care Geschäftsbericht 2020: 104)

„Zur Ermittlung potenziell nachteiliger Auswirkungen unserer Geschäftstätigkeit auf die Menschenrechte nutzen wir unser konzernweites integriertes Risikomanagementsystem." (Bayer Nachhaltigkeitsbericht 2021: 69)

„Um mögliche Auswirkungen unserer Geschäftstätigkeit und unserer Geschäftsbeziehungen auf Menschenrechte zu verstehen, führen wir Risikoanalysen durch. Wir untersuchen menschenrechtliche Risiken beispielsweise an unseren Standorten oder bei der Beschaffung von Produkten und Dienstleistungen." (Merck Geschäftsbericht 2021: 146)

„Auf Basis einer Vorabrisikoanalyse haben wir 27 Dienstleistungen identifiziert, die menschenrechtlich potenziell kritisch sind. […] Hiermit erhalten wir Transparenz über die Risiken, können gezielt Status-quo-Analysen einleiten und mit den relevanten Dienstleistern in den Dialog treten. Des Weiteren unterziehen wir Dienstleister einer Due-Diligence-Prüfung." (Mercedes-Benz Group Geschäftsbericht 2021: 122)

„Startpunkt der menschenrechtlichen Sorgfaltsprüfung ist die Risikoanalyse zur Ermittlung und Bewertung tatsächlicher oder potenzieller negativer Auswirkungen auf die Menschenrechte." (Covestro Geschäftsbericht 2021: 115)

„Unser Prozess, mit dem wir die Achtung der Menschenrechte prüfen, konzentriert sich darauf, tatsächliche und potenzielle Risiken zu ermitteln und Maßnahmenpläne für deren Begrenzung zu entwickeln." (Deutsche Bank Nichtfinanzieller Bericht 2021: 51)

Einsatz weiterer Kontrollsysteme

Aber auch außerhalb des Systems Risikomanagement lassen sich weitere Kontroll-Mechanismen einsetzen, was die Berichte von Bayer, Mercedes und Henkel zeigen.

„Die Umsetzung unserer Menschenrechtsstandards im Geschäftsbetrieb ist durch Konzernregelungen, Prozesse sowie Management- und Überwachungssysteme geregelt.“ (Bayer Nachhaltigkeitsbericht 2021: 69)

„Mit unserem Human Rights Respekt-System (HRRS) prüfen wir risikobasiert und systematisch, ob in unseren Konzerngesellschaften und Lieferketten Menschenrechte eingehalten werden.“ (Mercedes- Benz Group Geschäftsbericht 2021: 29)

Henkel nennt diesen Prozess Lieferantenmanagement: *„Neben Prüf- und Compliance-Prozessen, die die Einhaltung unserer Codes und Standards gewährleisten, nehmen wir unsere Verantwortung für Menschenrechte entlang der Wertschöpfungskette auch durch unser Lieferantenmanagement wahr.“* (Henkel Nachhaltigkeitsbericht 2021: 109)

Due Diligence-Verfahren

Unternehmen wie Allianz, adidas, Zalando und SAP heben sehr bewusst hervor, dass sie auch bei diesem Themengebiet die Sorgfalt klassischer Due Diligence-Prüfungen anwenden.

„Als Unternehmensversicherer und Investor gehört unser Due-Diligence-Verfahren für Menschenrechte zu unserem umfassenden ESG-Ansatz, der wiederum Teil unseres allgemeinen Risikomanagementsystems ist.“ (Allianz Geschäftsbericht 2021: 68)

„adidas bekennt sich zu seiner Unternehmensverantwortung in Bezug auf den Schutz der Menschenrechte und ist sich der Wichtigkeit von angemessener Sorgfaltsprüfung(‚Due Diligence‘) bei der Erfüllung dieser gesellschaftlichen Verpflichtung bewusst.“ (adidas Geschäftsbericht 2021: 137)

„Durchführung einer Risikobewertung für Menschenrechtsfragen in allen internen Geschäftsbereichen. […] Mit dem Due Diligence-Framework können wir Risiken in unseren Betrieben, Lieferketten und Geschäftsbeziehungen ermitteln und entsprechend reagieren.“ (Zalando Fortschrittsbericht zur Nachhaltigkeit 2021: 37)

„Ausgehend von den Ergebnissen einer 2017 durchgeführten Untersuchung unserer Risiken und Maßnahmen im Bereich Menschenrechte haben wir unsere Due-Diligence-Prozesse verbessert. Seit 2012 überprüfen wir außerdem regelmäßig intern die Einhaltung unserer Richtlinien.“ (SAP Integrierter Bericht 2020: 109)

Neue Organisationseinheiten

Einzelne Unternehmen heben die Schaffung neuer Organisations-Strukturen hervor.

„[…], dass im Jahr 2021 unternehmensintern eine funktionsübergreifende Task Force zur menschenrechtlichen Sorgfaltspflicht etabliert wurde.“ (Henkel Nachhaltigkeitsbericht 2021: 109)

„Alle Aktivitäten zur menschenrechtlichen Sorgfaltspflicht koordiniert weltweit unsere Einheit Group Corporate Sustainability.“ (Merck Geschäftsbericht 2021: 146)

„Unsere Compliance-Einheit steuert das Thema Menschenrechte und koordiniert die Zusammenarbeit der einheitsübergreifenden Human Rights Expert Working Group, die wir 2020 etabliert haben.“ (BASF Geschäftsbericht 2021: 104)

Etablierung von Meldeplattformen

Die Schaffung von Anlaufstellen, bei denen betroffene Betriebsangehörige Hilfe bei Problemen bekommen können, kann vielschichtig geregelt sein:

„Meldeprozesse sind etabliert, um Beschwerden oder Meldungen hinsichtlich Menschenrechtsverletzungen strukturiert und effektiv zu verfolgen. Meldungen können beim Compliance Officer als verstrauliche Ansprechstelle im Konzern oder anonym über das webbasierte Meldesystem iTrust eingereicht werden. Ergänzend sind standortspezifische Meldestellen eingerichtet.“ (MTU Geschäftsbericht 2020: 104)

Themenfeld 4: Korruptionsbekämpfung

Ähnlich wie für das Themengebiet zuvor lässt sich festhalten: Vergleichbar breit wie bei Umweltthemen wird noch nicht berichtet. Aber der Umfang der Thematik in den Berichten nimmt doch zunehmend Raum ein. Anti-Korruptionsprogramme scheinen der zentrale Ansatz. Aber auch Richtlinien, Kodices und die Verankerung in Ressorts auf hoher Entscheidungsebene sind im Einzelnen genannt.

Risikoanalysen, Standardisierung

Manche Unternehmen machen eher allgemeine Angaben, wie sie das Thema überwachen, wie die beiden nachfolgenden Passagen zeigen.

„Wir nutzen Risikoanalysen, um konzernweit wesentliche Compliance-Risiken frühzeitig zu erkennen und zu managen. Zusätzliche Kontrollmechanismen machen regelwidriges Handeln offenkundig.“ (Beiersdorf Geschäftsbericht 2020: 58)

„Mithilfe standardisierter Methoden erfassen, analysieren und bewerten wir regelmäßig Compliance-Risiken in jedem Unternehmensbereich.“ (Fresenius Geschäftsbericht 2021: 184)

Compliance Managementsystem

Dagegen beschreiben andere Unternehmen wie RWE und BMW viel akzentuierter den Einsatz ihrer konzernweiten Anti-Compliance-Management-Systeme.

„Im Fokus des Compliance Managementsystems stehen (deshalb) insbesondere die Identifikation potenzieller struktureller Korruptionsrisiken sowie die Vermeidung von Korruption und nicht Compliance-konformen Verhaltens innerhalb des RWE-Konzernes. Über das Risiko von Reputationseinbußen für den Konzern hinaus kann Korruption das Wirtschaftswachstum hemmen, Chancengleichheit mindern und zur Zunahme von Armut beitragen. Aus diesem Grund richtet RWE sämtliche geschäftlichen Aktivitäten und Entscheidungen nach festgelegten Compliance-Vorgaben aus und toleriert weder Korruption noch andere Verstöße dagegen." (RWE Nichtfinanzieller Bericht 2020: 3)

„Das konzernweit gültige CMS (Compliance Management-System) der BMW Group basiert auf dem Prevent-Detect-Respond-Ansatz. Es definiert spezifische Präventions-, Überwachungs-, Kontroll- und Reaktionsmaßnahmen." (BMW Geschäftsbericht 2021: 48)

Integrity Index

VW hat in diesem Zusammenhang Indikatoren definiert und misst dies auch mit einer Kennzahl: *„Als Messgröße für den Stand der Zielerreichung in Bezug auf Integrität und Recht haben wir für die großen PKW-produzierenden Marken eine strategische Kennzahl definiert: Regeleinhaltung, Fehlerkultur und integres Verhalten. […] Zudem verwendet Volkswagen den „Integrity Index" Er misst ganzheitlich die Unternehmensintegrität und dient als strukturelles Frühwarnsystem."* (VW Geschäftsbericht 2021: 141)

Konkretisierung von Verhaltens-Richtlinien

Aktualisierte Richtlinien dienen der Normierung des konkreten gewünschten Verhaltens. Das können zum Beispiel eigene interne Regelwerke sein.

„Bereits der Vorwurf der Geldwäsche kann die Reputation des Unternehmens beeinträchtigen und sowohl für uns als auch für unsere Share- und Stakeholder finanzielle Folgen haben. Deshalb haben wir die Prävention und Bekämpfung der Geldwäsche in unserer Verhaltensrichtlinie als ein zentrales Compliance-Ziel definiert." (Mercedes-Benz Geschäftsbericht 2021: 117)

„Weitere Regelwerke wie z. B. die MTU-Norm zu Spenden, Sponsoring und Kundenevents enthalten detaillierte Vorgaben und dienen ebenfalls der Korruptionsbekämpfung." (MTU Geschäftsbericht 2021: 99)

Orientierung an internationalen Konventionen

Aber auch externe Regelwerke können eine gute Orientierung leisten, wie Daimler es akzentuiert: *„Daimler Truck ist verpflichtet, Korruption zu bekämpfen – denn sie schadet dem Wettbewerb, den Gesellschaften und unserem Konzern. Dabei* *gehen unsere Maßnahmen zur Korruptionsprävention über die Einhaltung nationaler Gesetze hinaus: Wir orientieren uns zusätzlich an der OECD-Konvention gegen Bestechung ausländischer Amtsträger (1997) sowie an der UN-Konvention gegen Korruption (2003).“* (Daimler Truck Geschäftsbericht 2021: 74)

Eigenes Antikorruptions-Programm

Noch weiter als die Aufstellung einer Richtlinie ist die Schaffung umfassender Programme, wie die Allianz es für sich in Anspruch nimmt: *„Wir wollen uns jedoch nicht auf die Einhaltung der gesetzlichen Mindeststandards beschränken. Deshalb haben wir das Anti-Korruptionsprogramm der Allianz eingeführt, das hohe Standards für einen umfassenden und konsistenten konzernweiten Ansatz in jeder Rechtsordnung setzt.“* (Allianz Geschäftsbericht 2021: 71)

Integrierte Plattform für bessere Orientierung

Um mehr Orientierung zu schaffen, fassen manche Unternehmen ihre zahlreichen Informationen in einer Plattform zusammen, die ein besseres Monitoring ermöglicht. Merck und BMW gehen so vor.

„Im Jahr 2020 konnten wir unsere Monitoring- und Berichtsaktivitäten weiter verbessern. Da wir im Bereich Compliance über verschiedene Tools verfügen, konzentrierten wir uns darauf, eine einzige Plattform aufzubauen, die alle maßgeblichen Informationen (KPI's und Kennzahlen für Trendanalysen) aus den verschiedenen Tools anzeigt. Somit stießen wir ein neues Governance und Monitoring Projekt an, welches eine effizientere Überwachung von Compliance-bezogenen KPI's und Kennzahlen gewährleistet.“ (Merck Nachhaltigkeitsbericht 2020: 28)

„Das konzernweit gültige CMS (Compliance Management-System) der BMW Group basiert auf dem Prevent-Detect-Respond-Ansatz. Es definiert spezifische Präventions-, Überwachungs-, Kontroll- und Reaktionsmaßnahmen.“ (BMW Geschäftsbericht 2021: 48)

Koppelung an Vorstandsressorts, organisationale Verankerung

Organisatorisch verankern die Unternehmen die Bearbeitung des Themas unterschiedlich. Manche binden das Thema an die Vorstandsebene. Andere schaffen neue nachgeordnete Ressorts mit konkreter Zuständigkeit.

„Der Chief Compliance Officer leitet die Compliance-Abteilung und berichtet direkt an den Vorstandsvorsitzenden.“ (Continental Geschäftsbericht 2021: 22)

„Integrität, Compliance und Recht sind in der Mercedes-Benz Group in einem Vorstandsressort gebündelt. [..] Ziel ist es, mögliche Risiken, die durch unethisches

Verhalten entstehen können, zu vermeiden und so einen Beitrag zum langfristigen Erfolg des Unternehmens zu leisten." (Mercedes-Benz Group Geschäftsbericht 2021: 114)

„*Mit der Abspaltung von der damaligen Daimler AG haben wir bei Daimler Truck Verantwortlichkeiten für Menschenrechte in der Abteilung Nachhaltigkeitsmanagement im Bereich Legal Compliance aufgebaut.*" (Daimler Truck Geschäftsbericht 2021: 87)

Compliance-Hotline
Die Einrichtung technischer Hilfe-Tools für Mitarbeiter kann den Wunsch nach einer verbesserten Unternehmens-Performance besonders unterstreichen: „*Unsere Compliance-Hotline ist der wichtigste Beschwerdekanal für potenzielle Menschenrechtsverstöße.*" (Merck Geschäftsbericht 2021: 147)

Themenfeld 5: Qualität der Beziehungen zu Mitarbeitern

In diesem Themengebiet wird von allen sechs untersuchten Feldern am eindeutigsten mit operationalisierbaren Leistungsindikatoren gearbeitet. Mitarbeiterengagent und Mitarbeiterzufriedenheit sind die am häufigsten verwendeten Kategorien. Auch Arbeitgeberattraktivität, intern ermittelt, ist bedeutend. Methodisch nimmt die häufige Kombination von jährlichen Mitarbeiterbefragungen und in kürzeren zeitlichen Abständen durchgeführten unterjährigen, aktuellen Stimmungs-Befragungen den Spitzenplatz ein.

Die prominentesten Leistungsindikatoren
Ein Leistungsindikator kristallisiert sich deutlich heraus. Zumeist wird er Mitarbeiterengagement genannt, aber auch mit anderen, verwandten Bezeichnungen in vielen Berichten aufgegriffen.

Mitarbeiterengagement
Ein ganz zentraler Leistungsindikator ist das Mitarbeiterengagement. Häufig wird es jährlich per standardisierter Befragung ermittelt. Passagen wie diese aus den Berichten der Deutschen Post DHL und SAP sind hierfür typisch.

„*Im Berichtsjahr haben wir die Prozesse und Abläufe (gemeint Mitarbeiterbefragung) zur Auswertung gemeinsam mit der Revision überprüft. Die Ergebnisse fließen in die Vorbereitung der diesjährigen Befragung ein. [..] Im Themenbereich Mitarbeiterengagement erfassen wir, wie die Motivation unserer Beschäftigten zum*

Erfolg des Unternehmens beitragen." (Deutsche Post DHL Nachhaltigkeitsbericht 2019: 68)

„*Mitarbeiterengagement-Index: Das Mitarbeiterengagement ist Ausdruck für die Motivation und Loyalität unserer Mitarbeiter, ihren Stolz auf unser Unternehmen und ihre Identifikation mit der SAP. Der Index wird mithilfe einer unternehmensweiten jährlichen Mitarbeiterbefragung ermittelt.*" (SAP Geschäftsbericht 2019: 63)

Survey Mitarbeiterengagement

Sehr große Konzerne wie zum Beispiel Siemens und Allianz nennen hier als Leistungsindikator einen eigens geschaffenen, umfassenden, weltweit eingesetzten Survey.

„*Dafür hat das Unternehmen auch einen weltweit eingesetzten Survey entwickelt: Aus den Ergebnissen unserer Siemens Global Employee Survey (SGES) werden in regelmäßigen Abständen die Wirksamkeit und der Erfolg unseres Handelns bewertet und gegebenenfalls Maßnahmen zur Verbesserung abgeleitet.*" (Siemens Nachhaltigkeitsbericht 2021: 98)

Die Allianz nützt seit über zehn Jahren eine Berichtsform, die per Feedback der Mitarbeiter die Entfaltung der Unternehmenskultur misst. Der Verbindlichkeitsgrad ist daran abzulesen, dass die ermittelten Ergebnisse sogar an die Vergütung des Vorstands gekoppelt sind: „*Diesbezüglich (bezogen auf Mitarbeiterengagement hat sich der 2010 eingeführte Allianz Engagement Survey (AES) als wertvolle Plattform für Mitarbeiterfeedback erwiesen. Eine zentrale Messgröße des AES ist der Inclusive Meritocracy Index (IMIX). Er misst unsere Fortschritte in Richtung einer Kultur, in der Menschen und Leistung gleichermaßen zählen, um Mitarbeitern die Möglichkeit zu geben, ihr volles Potenzial entfalten zu können. Seit 2015 enthält der IMIX zehn Elemente des AES in den Bereichen Führung, Performance sowie Unternehmenskultur.*" (Allianz Geschäftsbericht 2019: 48)

Arbeitgeberattraktivität

Deutsche Börse und VW verwenden den Leistungsindikator Arbeitgeberattraktivität. Beide Unternehmen quantifizieren diesen Faktor in Zahlen.

„*Im Rahmen unserer jährlichen Mitarbeiterumfrage, des People Survey, die u. a. auch Themen wie Strategieverständnis und Zusammenarbeit behandelt, wird die Arbeitgeberattraktivität positiv bewertet (85 % Zustimmung). [...] Deshalb verwenden wir unsere Mitarbeiterumfrage als Steuerungsparameter unserer Mitarbeitenden.*" (Deutsche Börse Geschäftsbericht 2021: 39)

VW hebt den Indikator „Arbeitgeberattraktivität" hervor und misst diesen konzernweit, ebenfalls per interner Befragung: *„Mit unserer Befragung, dem „Stimmungsbarometer", einer Mitarbeiterbefragung in 180 Gesellschaften des Konzerns, erheben wir die Zufriedenheit der Mitarbeiter und damit auch den Status unserer internen Arbeitgeberattraktivität." (VW Nachhaltigkeitsbericht 2019: 78). VW zieht hier am Ende eine Kennzahl zur Messung heran: „Die Kennzahl ergibt sich aus der Frage, ob die jeweilige Gesellschaft für die Befragten ein attraktiver Arbeitgeber ist, und wird im Rahmen eines Stimmungsbarometers erhoben."* (VW Geschäftsbericht 2021: 160)

Systematik von Umfragen und deren zentrale Themen

Grundlegend ist für viele Unternehmen ein Mix aus langfristiger und kurzfristiger Befragung ihrer Mitarbeiter.

Jahres- und Halbjahresturnus

Für viele Konzerne ist inzwischen der turnusmäßige Wechsel zwischen umfassenden Mitarbeiterbefragungen – in der Regel alle zwei Jahre oder jährlich – und unterjährigen, aktuelleren sogenannten „Pulse" bzw. Puls-Befragungen – vierteljährlich oder halbjährlich – zum Standard geworden, ganz so, wie es hier von Telekom formuliert wird:

„Zu den wichtigsten konzernweiten Feedbackinstrumenten für die Beurteilung der Mitarbeiterzufriedenheit zählen die alle zwei Jahre durchgeführte Mitarbeiterbefragung (MB) und die halbjährlich durchgeführte Pulsbefragung, die Fragen zu den dargestellten 16 Themen umfasst. Das Frageset wird regelmäßig an veränderte Arbeitsumfelder sowie an strategische Anforderungen angepasst. So werden seit der Pulsbefragung 2016 auch Themen wie moderne Lernformate, Digitalisierung und digitale Führung abgefragt." (Deutsche Telekom HR Factbook 2019: 19)

Ein gutes Maß für die unterjährigen Pulse-Checks scheint das Halbjahr zu sein: *„Um die Zielgenauigkeit der Maßnahmen zur Schaffung guter Arbeitsbedingungen zu verbessern, führt Sartorius jährlich zwei globale Mitarbeiterbefragungen durch. Die sogenannten Pulse Checks finden jeweils im Frühjahr und Herbst statt und erfragen eine Bandbreite an Themen, wie die Wahrnehmung der Unternehmens- und Führungskultur, des eigenen Arbeitsplatzes sowie die Arbeitszufriedenheit im Allgemeinen."* (Sartorius Geschäftsbericht 2021: 133)

Leistungsindikatoren als Befragungsgegenstand

Der oben bereits als zentraler Leistungsindikator ermittelte Indikator „Mitarbeiterengagement" – der manchmal auch als „Mitarbeiterzufriedenheit" bezeichnet wird – kann natürlich auch im Rahmen und als Bestandteil dieser Regel-Befragungen ermittelt werden, wie mehrere Unternehmen dies markant beschreiben. Zitate aus den Berichten von BASF. adidas, SAP, Deutsche Post DHL und Fresenius setzen hier auffällige Akzente.

„Globale Mitarbeiterbefragungen und Pulse Checks sind etablierte Feedback-Instrumente der BASF-Gruppe, um Mitarbeitende bei der Gestaltung des Arbeitsumfelds aktiv einzubeziehen. […] Den Stand des Mitarbeiterengagements ermitteln wir regelmäßig als Indexwert über fünf Fragen zu festgelegten Themen unserer Mitarbeiterbefragungen." (BASF Bericht 2020: 145)

„[…] führen wir für alle Büroangestellten mit E-Mail-Account ‚People Pulse'-Umfragen durch. Mit diesem System erfassen wir, wie zufrieden die Mitarbeiter mit adidas als Arbeitgeber sind. ‚People Pulse' ermöglicht die Erfassung des sogenannten ‚Employee Net Promoter Score' (eNPS), Die Berechnung des eNPS ist identisch mit der Berechnung des markenspezifischen NPS." (adidas Geschäftsbericht 2020: 91)

„Das Mitarbeiterengagement ist Ausdruck für die Motivation und Loyalität unserer Mitarbeiter, ihren Stolz auf unser Unternehmen und ihre Identifikation mit der SAP. Der Index wird mithilfe einer unternehmensweiten jährlichen Mitarbeiterbefragung ermittelt." (SAP Geschäftsbericht 2019: 63)

„Jedes Jahr messen wir die Zufriedenheit und das Engagement unserer Beschäftigten über eine konzernweite Befragung. Mit diesem wichtigen Instrument ermitteln wir, wo wir auf dem Weg zum Arbeitgeber erster Wahl stehen. Die Kennzahl Mitarbeiterengagement nutzen wir dabei als konzernweite Steuerungsgröße." (Deutsche Post DHL Geschäftsbericht 2021: 54)

Und Fresenius legt sogar seine Fragen offen und bekennt sich zu dem Ziel, durch diese Art der Befragung das Engagement der Belegschaft signifikant zu steigern: *„Wir führen alle zwei Jahre eine globale Befragung unserer Mitarbeiter durch. Ergänzt wird sie durch Kurzbefragungen in den dazwischen liegenden Jahren. Die Ergebnisse nutzen wir, um globale und lokale Maßnahmen zu erarbeiten. Ziel dabei ist, das Engagement unserer Mitarbeiter langfristig zu steigern. […] Den Wert dafür ermitteln wir über Fragen zu drei Aspekten: „say" (beabsichtigen, bei Fresenius Medical Care zu bleiben), „stay" (beabsichtigen, bei Fresenius Medical Care zu bleiben) und „strive" (zusätzliche Anstrengungen unternehmen, um Fresenius Medical Care voranzubringen)."* (Fresenius Medical Care Geschäftsbericht 2020: 97)

Jährliche Mehrfache-Befragung pro Jahr

Einzelne Unternehmen wie SAP geben dabei an, ihre Mitarbeiter diesbezüglich sogar mehrfach im Jahr zu befragen: *„Den Erfolg unserer Mitarbeiterstrategie messen wir mit sieben Kennzahlen (Key Performance Indicators, KPIs). Fünf dieser*

KPIs stammen aus unserem überarbeiteten Programm ‚#unfiltered#‘, mit dem wir Mitarbeiter befragen. Ziel von #unfiltered# ist es, unseren Mitarbeitern noch besser zuzuhören, ihre Anliegen und Wünsche zu verstehen und geeignete Maßnahmen zu ihrem Feedback abzuleiten. Seit 2020 befragen wir unsere Mitarbeiter nicht nur einmal, sondern mehrmals jährlich zu ihrem Engagement.“ (SAP Integrierter Bericht 2020: 75)

Erhebung weiterer Leistungsindikatoren

In diesem Zusammenhang werden weitere Leistungs-Indikatoren von RWE, Telekom und Deutscher Bank erhoben: der Motivations-Index, der Engagement-Score, das Commitment und das sogenannte Enablement.

Motivationsindex

Die RWE verwendet einen eigenen Leistungsindikator in diesem Feld und misst ihn auch mit einer Zahl: *„Die Ermittlung und Berechnung des Motivationsindex erfolgt anhand einer fünfstufigen Skala, mit der jeder Mitarbeiter die 13 Fragen beantwortet. Jeder Antwortmöglichkeit wird dabei ein Index-Wert von 0–100 zugeordnet. Auf diese Weise wird pro Konzerngesellschaft jeweils eine Kennzahl zwischen 0 und 100 berechnet.*“ (RWE Nichtfinanzieller Bericht 2020: 5)

Engagement-Score

„Wir messen den Leistungsindikator Mitarbeiterzufriedenheit in unserem Unternehmen mit dem sog. „Engagement-Score“ – abgeleitet aus den Ergebnissen der jeweils letzten Mitarbeiterbefragung.“ (Deutsche Telekom Geschäftsbericht 2021: 49)

„Die Abteilung ‚Corporate Chance‘ und HR der RWE AG sind dafür verantwortlich, den Engagement Index zu ermitteln. Ein externer Dienstleister führt die Mitarbeiterbefragung durch, die entsprechende Plattform wertet die Befragung automatisiert aus und liefert die Ergebnisse [...] Neben dem Index werden darüber hinaus Subindizes erhoben.“ (RWE Nichtfinanzielle Erklärung 2021: 23)

Commitment, Enablement

„Die jährliche Mitarbeiterbefragung (People Survey) erhebt, wie Mitarbeiter die Arbeit der Bank erleben – und misst die Fortschritte bei zentralen Aspekten der Unternehmenskultur, einschließlich Schlüsselindikatoren wie Verbundenheit mit der Bank (Commitment) und Befähigung, sich einzubringen (Enablement).“ (Deutsche Bank Nichtfinanzieller Bericht 2021: 72)

Snapshot Surveys in Kurzintervallen

Auch wechselnde Themen aus Mitarbeiter-Perspektive können mit dieser Methode in kürzeren Abständen aktuell analysiert werden, wie es Merck mit einem eigenständigen Format macht: *„Im Oktober und November 2019 wurde zum wiederholten Male die weltweite Mitarbeiterbefragung in 22 Sprachen durchgeführt und der Stand der Umsetzung geprüft. […] Ergänzt werden diese Befragungen durch kleinere sogenannte „Snapshot Surveys", in denen Mitarbeiter zu ausgewählten strategischen Themen oder Projekten befragt werden. Auf Basis der Ergebnisse werden strategische Fokusthemen identifiziert, und die Ergebnisse fließen kontinuierlich in die unternehmensweite Arbeit ein.*" (Merck Geschäftsbericht 2019: 64)

Feedbackgespräche

Bayer kombiniert die Methoden der standardisierten Befragung und regelmäßigen Feedback-Gesprächen: *„Das Engagement und die Zufriedenheit unserer Mitarbeiter messen wir mithilfe institutionalisierter Feedbackgespräche und regelmäßiger Mitarbeiterbefragungen.*" (Bayer Geschäftsbericht 2020: 57)

In der jährlichen Mitarbeiterumfrage lassen sich unterschiedliche Themenschwerpunkte setzen, wie die Zitate aus den Berichten von adidas, Deutsche Börse und Infineon zeigen.

Mitarbeitererlebnis

„Dazu haben wir 2021 eine Mitarbeiterbefragung mit dem Titel „Employee Listening Survey" ins Leben gerufen. Mit dieser neuen Befragung gehen wir der Frage nach, welches Mitarbeitererlebnis adidas als Arbeitgeber seinen Beschäftigten bietet und in welchem Maß diese eingebunden sind." (adidas Geschäftsbericht 2021: 159)

Strategieverständnis

„Im Rahmen unserer jährlichen Mitarbeitendenumfrage, des People Survey, die u. a. auch Themen wie Strategieverständnis und Zusammenarbeit behandelt […]." (Deutsche Börse Geschäftsbericht 2021: 39)

„Durch unsere neuen globalen Kurzbefragungen zum Engagement erhalten wir zweimal jährlich Feedback zu Themen wie Strategie, Zielen, Unterstützung durch das Management, Vielfalt und faire Behandlung." (Infineon Personalbericht 2021: 11)

Fluktuationsrate

Für Munich Re nennt einen weiteren aussagekräftigen Leistungsindikator: *„Den Erfolg unserer Maßnahmen messen wir anhand von Mitarbeiterbefragungen sowie*

Kennzahlen wie der freiwilligen Fluktuationsrate." (Munich Re Geschäftsbericht 2021: 39)

Schwerpunktthema Integrität

VW und Daimler setzen hier einen auffälligen thematischen Akzent. Sie nutzen die beschriebenen Regelbefragungen u. a. dafür, um die Einschätzung der Unternehmens-Integrität intern zu messen.

„Mit unserer Befragung, dem „Stimmungsbarometer", einer Mitarbeiterbefragung in 180 Gesellschaften des Konzerns, erheben wir die Zufriedenheit der Mitarbeiter und damit auch den Status unserer internen Arbeitgeberattraktivität. Daneben interessiert uns auch die Einschätzung der Mitarbeiter zu den Fragen, wo das Unternehmen beim Thema Integrität steht und wie sie die Zusammenarbeit im Konzern beurteilen." (VW Nachhaltigkeitsbericht 2019: 78)

„Die auf Konzernebene definierten Ziele zur Weiterentwicklung und Verstetigung des Themas Integrität wurden auf Basis bestimmter standardisierter Fragestellungen in einer globalen Mitarbeiterbefragung gemessen. Grundlage hierfür waren einerseits der erreichte Zustimmungsgrad zu den Einzelfragen (Approval rate of any question), andererseits der erreichte, durchschnittliche Zustimmungsgrad über alle Fragen (Integrity Indicator) hinweg. Hieraus wurde die Zielerreichung auf Konzernebene abgeleitet." (Daimler Geschäftsbericht 2019:112)

Weitere Strategien, Maßnahmen und Methoden

Manche Unternehmen profilieren sich im Feld der Mitarbeiter-Verantwortung durch weitere Verfahren, Akzentsetzungen und organisationsinterne Maßnahmen, teilweise in Anbindung an die verantwortliche Personalarbeit.

Kopplung: Interne Befragung und externe Rankings

So koppelt adidas interne Befragungen mit dem Abschneiden bei externen Rankings. Bei dieser internen Befragung gibt es eine Mischung aus stets wiederkehrenden Fragen, um eine Vergleichbarkeit herzustellen, und aus wechselnden Fragen, die aus aktuellen Unternehmensstrategien abgeleitet werden: *„Unser Personalbereich misst den Erfolg und die Wirksamkeit der vom Unternehmen im Rahmen der Mitarbeiterstrategie auf den Weg gebrachten Initiativen anhand ausgewählter Leistungsindikatoren. Im Mittelpunkt stehen dabei Mitarbeitererlebnisse als interne Messgröße sowie Arbeitgeberrankings als externe Messgröße. […] Um diesen Ansatz zu unterstützen, haben wir für alle Büromitarbeiter mit E-Mail-Konto „People Pulse" eingeführt. Mit diesem System erfassen wir, wie zufrieden Mitarbeiter mit adidas als Arbeitgeber sind.*" (adidas Geschäftsbericht 2019: 84)

HR-Status

Einzelne Unternehmen zielen auf den Bericht eines größeren strategischen Rahmens, wie dieses Zitat von E.ON deutlich macht: *„Um die E.ON-Werte zu leben und die Wachstumsstrategie zu unterstützen, hat E.ON im Jahr 2020 eine neue Mitarbeiterstrategie (Group People Strategy – GPS) entwickelt. [...] Sie dient (so) als Kompass für bestehende und zukünftige Personalinitiativen und hilft bei der Priorisierung und Entscheidungsfindung.“* (E.ON Geschäftsbericht 2021: 48)

Index für erfolgreiche Personalarbeit

Continental hat einen eigenen Leristungsindikator entwickelt, der den Erfolg von Personalarbeit misst: *„Den Erfolg der Personalarbeit messen wir an dem OUR-BASICS-Live-Index „Nachhaltiges Engagement“, der sich aus der jährlichen Mitarbeiterbefragung errechnet.“* (Continental Geschäftsbericht 2021: 41)

Scorecards

Daimler setzt auf Sorecards und hieraus abgeleitete Reports für Führungskräfte: *„Als Steuerungsinstrument nutzen wir unter anderem die HR Scorecard. Sie beinhaltet Key-Performance-Indikatoren (KPI), zum Beispiel zur demografischen Entwicklung, Vielfalt und Arbeitgeberattraktivität und ermöglicht es uns, die Nachhaltigkeit von Personalmaßnahmen in den einzelnen Handlungsfeldern zu beurteilen. Diese Handlungsfelder leiten sich aus unserer HR-Strategie ab. Ein weiteres Steuerungsinstrument sind die HR-eData Manager Reports. Diese sind allen Führungskräften im Self-Service zugänglich. Sie enthalten jeweils KPIs und detaillierte Informationen für ihren eigenen Verantwortungsbereich.“* (Daimler Nichtfinanzieller Bericht 2019: 203)

Controling Dashboard

Die Deutsche Bank bestimmt das Personalcontrolling sogar als eine monatliche Plichtleistung: *„Unser monatliches HR Controls Dashboard überwacht die operative Leistung des Personalbereichs beim Managen von Risiken im Mitarbeiterlebenszyklus.“* (Deutsche Bank Nichtfinanzieller Bericht 2020: 64)

Moderne Beschwerdesysteme

Die Neueinrichtung von Beschwerdesystemen kann als Ausweis von Leistungssteigerungen genutzt werden: *„Ergänzend zu den verschiedenen Beschwerdekanälen haben wir das im Jahr 2020 gestartete Projekt „Worker Pulse“ weiter ausgebaut. Dabei handelt es sich um eine digitalisierte Kurzumfrage, mit der wir die Wahrnehmung und das Bewusstsein der Beschäftigten für ihre Arbeitsrechte* *in bestimmten Bereichen wie Kommunikation, Belästigung und Missbrauch der Beschwerdesysteme erfassen.*" (adidas Geschäftsbericht 2021: 145)

Messung Vertrauen in Führungskräfte
Für SAP ist das Vertrauen in die Führungsriege ein wesentlicher Leistungsindikator und misst diesen folglich dauerhaft mit einem eigenen Leistungsindikator: *„Leadership Trust Score: Wir verwenden diese Kennzahl, um in Zukunft noch verantwortungsbewusster handeln und unser Engagement für ein vertrauensvolles Arbeitsumfeld messen zu können. Die Kennzahl wird auf Basis einer Frage aus unserer jährlichen Mitarbeiterbefragung ermittelt, die das Vertrauen der Mitarbeiter in ihre Vorgesetzten misst. Die berechnen den Leadership Trust Score mit derselben Net-Promoter-Score-Methode wie unseren Kunden-NPS.*" (SAP Geschäftsbericht 2019: 63)

Diversität
Manche Berichte akzentuieren den Stellenwert des Thema Diversity, allerdings ohne ein Tool zur Messbarkeit der internen Leistungen anzuführen: *„Als ein Unternehmen, das sich seiner sozialen Verantwortung bewusst ist, berücksichtigt Infineon auch nichtfinanzielle Faktoren, hauptsächlich aus den Bereichen Umwelt und Diversität bei Mitarbeiter*innen. Diese Faktoren werden nicht zur Unternehmenssteuerung genutzt, sie tragen aber zur Erreichung der finanziellen Ziele von Infineon bei.*" (Infineon Geschäftsbericht 2021: 92)

Themenfeld 6: Kunden-Beziehungen

Auffällig ist der prominente Rang des Net Promoter Score (NPS), den viele Unternehmen nützen, um die Weiterempfehlungsbereitschaft ihrer Kunden abzufragen, um Erwartungen der Kunden besser zu erkennen und die Qualität der Kundenbeziehungen zu bewerten. Die Nutzung dieses Indikators generiert dann eine ganze Reihe von Effekten, die von den Unternehmen dann wiederum unterschiedlich akzentuiert werden.

Zentrales Tool NPS
Die Mehrzahl der Unternehmen nutzt den Net Promoter Score (NPS). Für Unternehmen wie beispielsweise SAP, Covestro, Munich Re oder Siemens ist der NPS eine zentrale Unternehmens-Kennzahl schlechthin und sie betonen den jährlichen Einsatz des Indikators.

„Der Kunden-NPS ist eines unserer Feedback-Instrumente, mit denen wir die Kundentreue ermitteln. Er gibt uns direkten Aufschluss darüber, was unsere Kunden denken, und hilft uns, wesentliche Problempunkte zu erkennen und zu beheben. Da Kunden für uns an erster Stelle stehen, ist der Kunden-NPS eine unserer zentralen Kennzahlen.“ (SAP Integrierter Bericht 2020: 74)

„… messen wir die Kundenzufriedenheit mithilfe der Kennzahl des Promotorenüberhangs ((Net Promoter Score, NPS). […] Hierzu führen wir systematische, jährlich stattfindende Zufriedenheitsumfragen unter unseren Kunden durch.“ (Covestro Geschäftsbericht 2021: 44)

„Sowohl im Erst- als auch im Rückversicherungsgeschäft wird der Net Promoter Score zur Messung der Kundenzufriedenheit eingesetzt.“ (Munich Re Geschäftsbericht 2021: 32)

„Zudem messen wir regelmäßig die Kundenzufriedenheit und somit auch unserer Partnerschaften mittels des Net Promoter Scores (NPS). […] Die Beurteilung erfolgt auf Basis des Siemens-internen ESG-Nachhaltigkeitsindex.“ (Siemens Nachhaltigkeitsbericht 2021:31)

Digitalisierung NPS

Die Allianz kündigt bereits die Digitalisierung des Scoringverfahrens an, um die Frequenz der Nutzung zu erhöhen: *„Seit 2006 erfassen wir die Kundenloyalität mit dem Net-Promoter-Score ((NPS). […] Ab 2022 gehen wir zur digitalen NPS-Erfassung über, um die Kundentreue kontinuierlich zu messen.“* (Allianz Geschäftsbericht 2021: 65)

Motive/Begründungen zum Einsatz des Tools

Die folgende Passage zeigt die Attraktivität des NPS auf, die der Score gewiss so auch für viele andere Unternehmen hat, aufgrund seiner Schlichtheit: *„Kunden-Net-Promoter-Score: Diese Kennzahl misst die Bereitschaft unserer Kunden, die SAP weiterzuempfehlen. Sie wird aus unseren laufenden Kundenumfragen abgeleitet. Sie misst auf einer Skala von 0 bis 10, wie hoch die Wahrscheinlichkeit ist, dass ein Kunde die SAP Freunden oder Kollegen weiterempfiehlt, ob er uns gegenüber neutral eingestellt ist oder ob er uns nicht weiterempfehlen möchte.“* (SAP Geschäftsbericht 2019: 63)

E.ON hat das Instrument 2009 eingeführt und nutzt das Tool vor allem, um auf Kundenerwartungen zu reagieren: *„E.ON misst das Vertrauen und Loyalität ihrer Kunden mit dem Net Promoter Score (NPS). E.ON misst drei Arten des NPS. Der strategische NPS (Top-down-NPS) vergleicht die Leistung mit der der Wettbewerber. Der Bottom-up-NPS basiert auf dem Feedback von Kunden. Der sogenannte*

Journey-NPS misst die Loyalität von Kunden, die eine intensivere Erfahrung mit E.ON hatten.“ (E.ON Geschäftsbericht 2019: 97)

Weitere Begründungen liefern Allianz, Deutsche Post DHL und Siemens.

„Seit 2006 erfassen wir unsere Kundenloyalität mit Net Promoter Score (NPS). Dieser misst die Bereitschaft der Kunden, die Allianz weiterzuempfehlen. Der Top-down-NPS wird regelmäßig anhand globaler und branchenübergreifender Standards erhoben und ermöglicht einen Vergleich mit lokalen Wettbewerbern.“ (Allianz Geschäftsbericht 2019: 46)

„Wir verbessern unsere Leistung im Geschäftsfeld Forwarding kontinuierlich anhand von Kundenrückmeldungen. Mithilfe des „Net Promoter Approach“ nehmen wir diese systematisch auf. […] Dadurch verbesserten sich Abläufe, Pünktlichkeit, Berichterstattung und Rechnungsstellung für die Kunden spürbar.“ (Deutsche Post DHL Geschäftsbericht 2019: 59)

„Wir wollen unsere Services so nutzungsfreundlich wie möglich gestalten-. Dazu erfassen wir das Feedback unserer Kundschaft systematisch, indem wir Net Promoter Scores berechnen und jährliche Zufriedenheitsbefragungen durchführen.“ (Deutsche Post DHL Geschäftsbericht 2021: 18)

„Wir messen die Kundenzufriedenheit und somit auch die Qualität unserer Partnerschaften mit dem Net Promoter Score (NPS). Diese systematische Bewertung erfolgt anhand von jährlich durchgeführten umfassenden Kundenzufriedenheitsabfragen. Der Score selbst basiert auf einer einzigen Frage: ‚Wie wahrscheinlich ist es, dass Sie Siemens einem Kollegen oder Geschäftspartner empfehlen würden?‘ Aber das ist nur ein Anfang: Die Umfrage hat einen ganzheitlichen Ansatz im Bereich Kundenbeziehungen in Gang gesetzt, bei dem im Nachgang zur Umfrage Prozesse und Systeme eingeführt werden, die eine langfristige Kundenbindung fördern.“ (Siemens Nachhaltigkeitsinformationen 2019: 13)

Kontrollprozesse

Es werden aber auch andere Instrumente als der NPS genützt, wenn die Orientierung auf den Indikator Kundenzufriedenheit artikuliert wird, wobei es den entsprechenden Unternehmen ein Anliegen ist, die Regelmäßigkeit zu unterstreichen. *„Intern stellen wir Produktqualität und Kundenzufriedenheit über funktionierende Kontrollprozesse und eine funktionierende IT-Sicherheit sicher. Als externe Qualitätssicherung führen wir regelmäßig Kundenumfragen durch.“* (Deutsche Börse Geschäftsbericht 2021: 37)

Kunderserviceumfrage

Mit einem anders ausgerichteten Umfrage-Werkzeug-Tool arbeitet die Deutsche Börse. Sie zielt damit auf Optimierungspotentiale von Produkten und Prozessen: *„Ein Beispiel für die Kundenorientierung der Deutsche Börse Group ist die jährliche Kundenservice-Umfrage von Clearstream, die darauf abzielt, Kundenbedürfnisse zu identifizieren sowie Verbesserungsanfragen zu priorisieren und zu bearbeiten, um Produkte und Dienstleistungen weiter zu verbessern."* (Deutsche Börse Geschäftsbericht 2020: 69)

Spezielle Messungs-Methode

Eine eigenständige Methodik der Messung hat Telekom entwickelt: *„Die Kundenzufriedenheit messen wir mit der weltweit anerkannten TRI*Methodik. […] Gleichzeitig ermitteln wir darüber die Loyalität unserer Kunden zur Deutschen Telekom. Die Ergebnisse werden in einer Kennzahl dargestellt: dem TRI*M-Index, auf einer Skala von minus 66 bis plus 134 Punkten."* (Deutsche Telekom Geschäftsbericht 2021: 43)

Einsatz mehrerer Messungs-Tools

Die Deutsche Bank und auch die Deutsche Wohnen betonen die Vielschichtigkeit ihres Werkzeugkastens.

„Jeder unserer Geschäftsbereiche erhebt die Kundenzufriedenheit so, wie es für seine jeweiligen Kundengruppen sinnvoll ist. Zu den Bewertungsinstrumenten gehören Kundenzufriedenheitsumfragen, Testkäufe sowie Bewertungen durch Dritte." (Deutsche Bank Nichtfinanzieller Bericht 2020: 59)

„Jeder unserer Geschäftsbereiche erhebt die Kundenzufriedenheit so, wie es für seine jeweiligen Kundengruppen sinnvoll ist. […] Die Investmentbank misst die Kundenzufriedenheit unter anderem im Rahmen von Broker Reviews. […] Die Rückmeldungen fließen in kundenspezifische Maßnahmenpläne ein. Wir berücksichtigen sie zudem im Rahmen unserer Produktentwicklung. […] Unsere Privatkundenbank Deutschland nutzt Kundenbefragungen, Interviews und Testkäufe, um die Zufriedenheit und Loyalität ihrer Kunden zu ermitteln." (Deutsche Wohnen Geschäftsbericht 2020: 59)

Optimierung von CRM-Systemen

BASF betont die Bedeutung von optimierten, CRM-Systemen: *„Seit 2020 nutzen wir mit Salesforce eine neue IT-basierte Lösung zur ganzheitlichen Steuerung unserer Kundenbeziehungen (Customer-Relationship-Management-System)."* (BASF Bericht 2021: 28)

3.4 Fazit

Unsere Analyse zeigt einerseits, dass sich noch kein zwingender Berichtsstandard für die nichtfinanziellen Leistungen großer Konzerne durchgesetzt hat. Sie zeigt aber andererseits, dass bestimmte Tools sich bereits einen prominenten Platz erkämpft haben. Das gilt zum Beispiel ganz besonders für die Ausführungen der Unternehmen zu ihrer Wesentlichkeitsanalyse, wenngleich die Intensität, das Ausmaß und die Methoden zur Ermittlung der Stakeholder-Erwartungen und Bewertungen differieren. Weiterhin konnten wir feststellen, dass die Ausführungen zur Politischen Kommunikation und hier insbesondere zur Verbesserung der Transparenz eindeutig an Raum und an Kontur gewinnen.

Bezüglich der Kunden- und Mitarbeiter-Belange kristallisieren sich deutlich Leistungsindikatoren heraus, die von einem Großteil der Unternehmen genützt werden. Das gilt zum Beispiel für die Kategorien Kundenzufriedenheit und das Mitarbeiterengagement, wenngleich sich eine Einheitlichkeit in der Meß-Methode nur ansatzweise bei der Kundenzufriedenheit zeigt (Net Promotor Score).

Umwelt-Belange werden schon länger in den klassischen Finanzberichten breit berichtet. Daher ist es nicht überraschend, dass sie auch in unserer Ergebnisdarstellung breiteren Raum einnehmen als die Bezüge auf Menschenrechte und Compliance. Umso mehr fallen die Berichte von Unternehmen auf, denen es heute schon gelingt, gerade in diesen beiden Feldern konkrete Leistungsanstrengungen und Optimierungen zu leisten.

Darüber hinaus fällt im Ergebnis unserer Studie auf, dass es zwar eine ganze Reihe von Leistungsindikatoren gibt, bei denen die Unternehmen ihre Leistungen in konkreten Zahlen messen. Aber ein anderes signifikantes Ergebnis unserer Untersuchung ist auch, wie intensiv die Unternehmen neue organisationale Strukturen und Management-Prozesse einrichten, um die Auswirkungen ihrer nichtfinanziellen Tätigkeiten nicht nur genauer zu erfassen, sondern vor allem auch zu optimieren. Dazu gehören u. a. zunehmend auch Regelwerke und Kodizes mit Normen, die den Mitarbeiterinnen und Mitarbeitern bessere Orientierung geben, aber auch neu geschaffene Gremien, Management-Funktionen mit neuartigen Befugnissen und Verantwortlichkeiten und neu organisierte Prozesse.

Für die Zukunft wird zu beobachten sein, wie sehr eine zunehmende Standardisierung der Berichte nicht zu einem uniformen Einheitsbrei der verwendeten Leistungsindikatoren und Instrumente führt. Denn auch für die Kapitalmarktkommunikation gilt ja wie für andere Bereich der Unternehmenskommunikation die Notwendigkeit der kommunikativen Differenzierung und idealerweise die Schaffung kommunikativer Alleinstellungs-Merkmale. Der Gesetzgeber hat ja nur inhaltliche Mindeststandards vorgegeben. Beim Wie der Umsetzung und beim dem ein oder anderen eigenständigen Akzent dürfen die Unternehmen durchaus eine eigene Handschrift zeigen. Sie sollten es auch tun. Inwiefern das in den kommenden Berichtsjahren gelingen wird, sollte weiterhin im Blick bleiben.

Quellen

Biel A. & Piwinger, M. (2001). Informationspflichten und Informationsaufwand in der Kapitalmarktkommunikation. In G. Bentele ,M. Piwinger, & G. Schönborn (Hrsg.), *Kommunikationsmanagement* (Losebl. 2001 ff.), Nr. 3.38, S. 1–22. Luchterhand.

Piwinger, M. (2021). Nichtfinanzielle Erklärung und Wesentlichkeitsbestimmung. In: Bentele, G. Piwinger, M. & Schönborn, G. (Hrsg.), *Kommunikationsmanagement* (Losebl. 2001 ff.), Köln, Art.-Nr. 5.124.

Piwinger, M, & Kiefer, M. (2019). Neue Qualität nichtfinanzieller Berichterstattung bei großen börsennotierten Unternehmen. In: Bentele, G., Piwinger, M. & Schönborn, G. (Hrsg.), Kommunikationsmanagement (Losebl. 2001 ff.), Köln, Art.-Nr. 5.109.

Möller, K., Piwinger, M., & Zerfaß, A. (Hrsg.). (2009). *Immaterielle Vermögenswerte. Bewertung, Berichterstattung und Kommunikation.* Schäffer- Poeschel.

Zerfaß, A., & Volk, S. C. (2019). *Toolbox Kommunikationsmanagement*. Springer Gabler.

FSC
www.fsc.org
MIX
Papier | Fördert
gute Waldnutzung
FSC® C083411

Kolibri 360 GmbH
Ferdinand-Jühlke-Straße 7
99095 Erfurt, Deutschland
produktsicherheit@kolibri360.de